77 mal
Freude
Die schönen
Seiten des Lebens

Rainer Haak

1. Ein buntes Haus

Das war wieder ein Tag! Es gab so vieles, worüber sie sich ärgern musste! Sie kochte innerlich vor Wut. Jetzt brauchte sie jemanden, der sie verstehen würde und bei dem sie sich alles von der Seele reden könnte. »Geh doch rüber zum Ärger«, riet ihr jemand, »er wohnt gleich da vorne, in dem großen Haus an der Hauptstraße. Ich weiß allerdings nicht, in welchem Stockwerk du ihn findest.«

Während es immer noch in ihr kochte, lief sie hinüber. Das Haus war bunt angemalt. »Hier darf gelacht werden«, so stand es groß und deutlich am Hauseingang. Wie sonderbar, dachte sie unsicher, ob ich hier überhaupt richtig bin?

Die Haustür war nicht verschlossen. Sie ging hinein. Im selben Augenblick öffnete sich im Erdgeschoss eine Wohnungstür. »Humor« stand auf dem Klingelschild. Der Hausherr selbst schien vor ihr zu stehen, denn ihr Gegenüber lachte übers ganze Gesicht. »Herzlich willkommen, bitte komm herein! Ich hoffe, du fühlst dich bei uns wohl. Wir alle sind ein wenig verrückt.«

Bei *wir alle* zuckte sie kurz zusammen. Dann trat sie vorsichtig ein. Ob sie den Ärger hier treffen würde?

Aus dem Wohnzimmer waren viele Stimmen zu hören. »Wir sitzen gerade zusammen und erzählen uns lauter lustige Sachen. Setz dich gern dazu. Dann wird es sicher noch lustiger.«

Sie wusste nicht, ob das eine gute Idee war. Trotzdem verbrachte sie eine Weile unter den ungewöhnlichen, fröhlichen Typen.

Dann verabschiedete sie sich mit einem Lächeln. »Es war schön bei euch. Aber ich muss noch weiter. Ich will jemanden besuchen, der mich gut versteht. Er soll auch hier wohnen.«

Der Humor verabschiedete sich und flüsterte: »Du musst unbedingt gleich ein Stockwerk über mir klingeln. Mein Nachbar dort wird dich bestimmt verstehen.«

Sie stieg die Treppe hoch in den ersten Stock. »Spaß« stand groß an der Wohnungstür. Sie klingelte. Der Spaß öffnete sofort. »Schön, dass du da bist. Der Humor hat dich schon angekündigt. Komm doch herein!« Auch hier war eine große, fröhliche Runde versammelt. Sie waren alle gerade dabei, von ihren Plätzen aufzustehen.

Musik erklang. »Lasst uns tanzen!«, rief der Spaß in die Runde. Schon wirbelten alle fröhlich durcheinander. Die verdutzte Besucherin sah sich unsicher um, dann lächelte sie und stürzte sich ebenfalls ins Gewühl.

Als die Musik verstummt war und die Gäste wieder Platz nahmen, ging die Besucherin zum Spaß. »Das hat Spaß gemacht. Vielen Dank! Ich muss jetzt leider weiter. Ich suche noch jemanden, der hier im Haus wohnen soll. Vielleicht kannst du mir sagen, wo ich ihn finde. Er heißt Ärger.«

Der Spaß ging mit ihr zum großen Fenster. »Siehst du dort das Nachbarhaus? Da wohnt der Ärger. Gleich neben der Wut.«

Sie musterte das Haus. Es war nicht bunt wie dieses, sondern grau und schmucklos und ein wenig verkommen. Die Fenster waren leer und dunkel.

»Soll ich dich hinüberbringen?«, fragte der Spaß.

Sie schüttelte den Kopf. »Ach nein, das ist nicht mehr nötig. Wenn ich darf, würde ich lieber noch eine Weile bei euch bleiben.«

2. Abenteuerlust

Leon und Johannes kannten sich seit Jugendtagen. Damals waren die Freunde oft zusammen ein Wochenende auf der Hütte am Berg, wo sie viel erlebt und wenig geschlafen haben. Sie tranken dort ihr erstes Bier und grillten ein Huhn am Lagerfeuer. Manches war ihnen inzwischen eher peinlich – aber die gemeinsamen Unternehmungen gehörten zu den Höhepunkten ihrer Jugend. »Das Leben ist ein Abenteuer!«, hatte Johannes damals bei jeder Gelegenheit verkündet.

Inzwischen waren fast 20 Jahre vergangen und immer noch waren die beiden befreundet. Wie sie es sich damals versprochen hatten, trafen sie sich einmal im Jahr, um gemeinsam etwas zu unternehmen.

Kürzlich rief Leon bei Johannes an: »Mein Onkel hat eine kleine Wohnung an der Ostsee. Er hat mir angeboten, dort eine Woche Urlaub zu machen. Wie sieht's aus, hast du Lust mitzukommen?«

Natürlich hatte Johannes Lust, und wie! »Endlich mal wieder raus aus allem! Und vielleicht erleben wir ja das eine oder andere Abenteuer, so wie damals. Ich freu mich drauf!«

Es wurden abwechslungsreiche Tage am Wasser, die sie mit Schwimmen und Segeln und langen Wanderungen am Steilufer verbrachten. »Da kommen alte Erinnerungen hoch!«, sagte Johannes mehrmals begeistert.

Am vorletzten Abend stand keine Wolke am Himmel. Leon streckte seine Arme übermütig nach oben. Dann rief er aufgekratzt: »Nachher setzen wir uns ans Ufer und schauen dem Sonnenuntergang zu, einverstanden?«

So kam es, dass sie um Viertel nach neun im Sand saßen und der Sonne bei ihrem langsamen Abschied von diesem Tag zuschauten. Sie waren nicht die einzigen. Überall saßen Grüppchen herum und genossen das Schauspiel. In der Nähe spielte jemand Gitarre, einige sangen mit. »Ein Angebot der örtlichen Tourist-Information«, flüsterte Leon ein wenig sarkastisch.

Es war fast Mitternacht, als den beiden Freunden langsam kalt wurde. »Jetzt schnell zurück und morgen ordentlich ausschlafen!«, stöhnte Johannes lachend. »Ich freu mich schon auf das gemütliche Bett.«

Doch Leon war anderer Meinung. »Ich finde, wir bleiben heute Nacht draußen!«

Johannes blickte den Freund ungläubig an.

»Lass uns schnell die Schlafsäcke holen. Dann legen wir uns einfach an den Strand. Ich weiß allerdings nicht, ob das erlaubt ist.« Dabei grinste er verwegen.

»Dann sitzen wir in der ersten Reihe und schauen zu, wie die Sonne aufgeht.«

Johannes nickte heftig mit dem Kopf. »Genau, und anschließend machen wir uns ein Feuer und kochen Kaffee, das ist bestimmt auch verboten.« Dabei grinste er so wie eben Leon. »Das Leben ist ein Abenteuer!«

3. Siebenmal blinzelt keck die Freude

Das erste Mal:
Langsam öffne ich die Augen,
habe lang genug geschlafen.
Freue mich auf Abenteuer,
freu mich auf den neuen Tag.

Das zweite Mal:
Erstes helles Sonnenlicht
blinzelt durch den Vorhang keck.
Gleich beginne ich zu strahlen,
freu mich auf den Sonnenschein.

Das dritte Mal:
Jetzt weht durch das große Fenster
frische Luft zu uns herein.
Frische, kühle Winde tragen
frische Freude im Gepäck.

Das vierte Mal:
Jetzt fällt auch in deine Augen
kurz ein heller Sonnenstrahl.
Deine Augen lächeln fröhlich
und du blinzelst keck mir zu.

Das fünfte Mal:
Dann weht schon der Duft von Kaffee
durch die Wohnung so verlockend.
Deine Augen, meine Augen
treffen sich am Frühstückstisch.

Das sechste Mal:
Wir genießen die Minuten,
und wir denken an den Tag,
freuen uns auf dies und jenes
und du blinzelst keck mir zu.

Das siebte Mal:
Wenig später voller Freude
geht es in die Welt hinaus.
Im Winde weht das bunte Leben –
und ein wunderschöner Tag.

4. So wie damals

Michael saß ungeduldig im Büro und telefonierte. Angespannt trommelte er mit den Fingern auf die Tischplatte. Es wartete noch so viel Arbeit auf ihn. Als das Gespräch endlich beendet war, wurde ihm schwindelig. Benommen sah er sich im Raum um. Sein Blick fiel auf ein Bild, das seine Tochter vor ein paar Jahren für ihn gemalt hatte: Die ganze Familie lag im Gras unter einem Apfelbaum. Er, der Vater, lachte fröhlich. Michael stutzte. Wann hat er zum letzten Mal im Gras gelegen? Wann hat er zum letzten Mal fröhlich gelacht?

Er dachte zurück an seine eigene Kindheit. Bilder von unbeschwerten Nachmittagen im Garten tauchten aus der Erinnerung auf. Ihm fielen die kleinen Expeditionen zu den Fröschen am Bach ein, die spannenden Abenteuergeschichten, die er nachts heimlich mit der Taschenlampe las, und seine ersten zaghaften Versuche, Gitarre zu spielen. Er hatte endlos Zeit zum Spielen, Träumen und Forschen, damals.

Michael stand auf und ging im Raum herum. *Ich hatte endlos Zeit. Und heute? Ich tu immer häufiger mehrere Dinge gleichzeitig. Ich kann zur selben Zeit etwas notieren, ein Gespräch führen und auf den Bildschirm blicken.*

Ich kann essen und dabei Zeitung lesen. Ich kann mit den Kindern spielen und gleichzeitig über die Steuererklärung nachdenken.

Michael setzte sich erschöpft an seinen Schreibtisch. Er kam sich plötzlich vor wie ein Roboter, der immer nur funktioniert. Wann hatte er sich zum letzten Mal Zeit genommen für romantische Augenblicke, für die Kinder, für den Platz unter dem Apfelbaum?

Er nahm ein leeres Blatt Papier und schrieb mit seinem alten Füller langsam in schöner Schrift: *Ich will meine Begeisterung und Lebensfreude zurück. Ich will nur eine Sache zur selben Zeit tun. Ich will Gespräche, ohne dabei an tausend andere Dinge zu denken. Ich will Musik hören, einfach so. Ich will, dass die Lebensfreude zurückkehrt, dass ich wieder lachen kann und dass ich mir wieder Zeit für Ausgelassenheit und Romantik nehme.*

Als er am Abend nach Hause kam, strahlte er seine Frau an. »Lass uns einen Spaziergang machen, ganz in Ruhe. Und wenn wir zurückkommen, dann lese ich dir etwas vor.«

5. Fröhliche Luftsprünge

Kannst du dich denn überhaupt nicht freuen?«, fragte die kleine Maus ihren großen Freund aufgeregt. Sie sprang ein paarmal hoch in die Luft und führte einen ausgelassenen Mäuseregentanz auf. »Da haben wir wochenlang auf Regen gewartet und durstig im Staub gelegen – und jetzt jubelst du nicht, tanzt nicht vor Freude und springst nicht einmal übermütig in die Luft!«

Der Elefant blickte verständnisvoll zur Maus hinunter. »Du machst das wunderbar. Ich bewundere dich, wie du deine Freude zeigen kannst. Ich habe leider manchmal ein ziemlich dickes Fell.«

Die Maus war mit der Antwort noch nicht zufrieden. »Kannst du deine Freude denn gar nicht zeigen?«

Der Elefant überlegte lange und ging dabei langsam im Kreis herum. Plötzlich schwang er den Rüssel hoch über seinen Kopf und trompetete so laut in alle Richtungen, dass sich die Maus vor Schreck hinter einem großen Baum versteckte.

»Na«, fragte der Elefant stolz, »hat dir gefallen, wie ich meine Freude gezeigt habe?«

Die Maus hielt sich immer noch ängstlich die Ohren zu. Erst nach einer Weile näherte sie sich dem

Elefanten wieder vorsichtig und streichelte ihn zärtlich am Fuß. »Eigentlich ist es ganz in Ordnung, wenn du dich nur innerlich freust.«

Dann sprang sie wieder übermütig in die Luft, landete juchzend in einer großen Regenpfütze und tanzte ausgelassen um den verdutzten Dickhäuter herum.

6. An einem dieser Tage

Lass dich beschenken
mit dem süßen Geschmack der Zeit,
die dein Glas immer wieder füllt
mit einem Schluck Ewigkeit –
an einem dieser Tage,
an denen die Sonne nicht untergeht.

Lass dich beschenken
mit dem herben Geschmack der Weite,
die alle Grenzen sprengt
und deiner Seele Flügel verleiht –
an einem dieser Tage,
an denen alles möglich ist.

Lass dich beschenken
mit dem prickelnden Geschmack der Fülle,
die deine Träume zum Klingen bringt
in einem sanften Wind oder
dem Summen einer Hummel –
an einem dieser Tage,
an denen sich alle Wünsche erfüllen.

Lass dich beschenken
mit dem frischen Geschmack des Übermuts,
wenn deine Hände leer bleiben
und dein Herz sich füllt
mit Sternen und Blumen –
an einem dieser Tage,
an denen sich Langeweile in Glück verwandelt.

Lass dich beschenken
mit dem süßen Geschmack der Zeit,
die dein Glas immer wieder füllt
mit einem Schluck Ewigkeit –
an einem dieser Tage,
an denen die Sonne nicht untergeht.

7. Apfelkuchen und Lebensfreude

Schön, dass du endlich wieder mal Zeit für unsere traditionelle Teestunde hast!«, seufzte Sara, als sie an Ronjas Wohnzimmertisch Platz genommen hatte. »Das war ein anstrengender Tag für uns beide, nicht wahr? Und du hast es geschafft, sogar noch einen Apfelkuchen zu backen!«

Die beiden Freundinnen sprachen in der nächsten Stunde über alles, was sie gerade beschäftigt und bewegt. Ab und zu kamen die beiden Kinder von Ronja herein, mehrmals klingelte das Telefon – aber die Gastgeberin behielt stets die Ruhe und ihre gute Laune. Es schien ihr wirklich gut zu gehen, stellte Sara fest. Ronja erzählte von der Arbeit im Handwerksbetrieb, den sie gemeinsam mit ihrem Mann führte, und vom bunten Familienleben, das jeden Tag neue Herausforderungen mit sich brachte. »Ich liebe meine Familie, mein anstrengendes und verrücktes Leben, auch wenn alles manchmal fast zu viel wird.«

Sara genoss den Apfelkuchen, »mit viel Zimt, so liebe ich ihn besonders!«, und staunte über die gute Laune der Freundin.

Plötzlich blickte sie zum Fenster, als würde sie etwas suchen. Auf der anderen Straßenseite war ein einfaches Siedlungshäuschen zu sehen. »Sag mal, wohnt da nicht die alte Nachbarin, die vor zwei Jahren so krank war? Ich erinnere mich, dass du sie damals besucht hast. Wie geht es ihr eigentlich?«

Ronja lächelte. »Der geht es wieder richtig gut. Ich besuche sie fast jeden Tag für eine Viertelstunde oder auch länger. Manchmal nehme ich die Kinder mit, sie lieben beide unsere fröhliche Martha.«

Sara blickte die Freundin erstaunt an. »Was, fast jeden Tag? Weshalb tust du dir das an? Du weißt doch ohnehin oft kaum, wie du dein normales Pensum schaffen kannst!«

Ronja lächelte immer noch. »Ich freue mich immer schon vorher auf die Besuche. Jedes Mal, wenn ich zu ihr komme, beginnt sie zu strahlen, als würde die Sonne aufgehen. Sie freut sich so sehr über den Besuch, dass immer etwas von ihrer Freude auf mich überspringt. Ich habe fast den Eindruck, ich hole mir bei ihr meine tägliche Portion Lebensfreude ab!«

Sara sagte erst einmal gar nichts. Dann nickte sie lächelnd. »Ich nehme nachher eine Portion mit nach Hause.« Ronja sah sie irritiert an. »Hat dir der Apfelkuchen so gut geschmeckt?«

8. Ich freue mich fünfundzwanzigmal

1. Ich freue mich, dass ich nicht nur mit den Augen, sondern auch mit dem Herzen sehen kann.
2. Ich freue mich, weil ich Humor habe und lachen kann.
3. Ich freue mich, wenn ich alles um mich herum vergessen kann.
4. Ich freue mich, wenn ich freie Zeit habe.
5. Ich freue mich, dass ich auch an einem Regentag Sonnenschein in meinem Herzen spüre.
6. Ich freue mich, wenn meine Seele mir die Sehnsucht nach dem Himmel schenkt.
7. Ich freue mich, weil ich es liebe, anderen Menschen eine Freude zu bereiten.
8. Ich freue mich, dass ich liebenswert und einzigartig bin.
9. Ich freue mich, dass es Menschen gibt, mit denen ich mich gemeinsam freuen kann.
10. Ich freue mich, dass ich mich von alten Kleidungsstücken und Einrichtungsgegenständen trennen kann.
11. Ich freue mich, wenn ich nachts den Sternenhimmel betrachte und staune.

12. Ich freue mich, dass ich meine Meinung ändern kann.

13. Ich freue mich, dass ich immer wieder neue Fähigkeiten in mir entdecke.

14. Ich freue mich, wenn ich morgens vom Gesang der Vögel geweckt werde.

15. Ich freue mich, dass ich Fehler machen darf.

16. Ich freue mich, dass ich immer wieder neu anfangen kann.

17. Ich freue mich, wenn ich spüre, dass ich lebendig bin.

18. Ich freue mich immer über eine kleine Pause.

19. Ich freue mich, dass ich Freunde habe, auf die ich mich verlassen kann.

20. Ich freue mich, dass ich mich über das tägliche kleine Glück freuen kann.

21. Ich freue mich, dass es mir gelingt, aus jedem Tag ein kleines Fest zu machen.

22. Ich freue mich, wenn ich in den Spiegel schaue und ein freundliches Gesicht erblicke.

23. Ich freue mich, wenn ich mich vom Leben überraschen lasse.

24. Ich freue mich, dass es nicht nur die Erde gibt, sondern auch den Himmel.

25. Ich freue mich, dass ich immer wieder neue Ideen in die Tat umsetze.

9. Städtereise mal anders

Sam und Kira waren regelmäßig mehrmals im Jahr unterwegs auf Städtereisen. Sie liebten es, in zwei oder drei Tagen eine Stadt zu erkunden – ihre Wahrzeichen und Museen, die Altstadt und die Restaurants.

Wieder einmal stand ein kurzer Trip im Kalender. Sam war gerade dabei, im Reiseführer zu blättern, als Kira sich vor ihn stellte, die Hände in die Hüften gestemmt, und etwas zu laut sagte: »Bitte diesmal keine Museen und Kirchen! Lass uns mal ein Alternativprogramm machen: Wir lernen lauter interessante Menschen kennen.«

Sam sah sie verdutzt an. »Aber Menschen gibt es doch auch bei uns zu Hause. Dafür müssen wir nicht verreisen!«

Kira kam noch einen Schritt näher. »Hast du nicht auch langsam genug von alten Gebäuden und alter Kunst? Ich finde, dabei verpassen wir das Leben heute. Menschen sind doch das wirkliche Abenteuer.«

Schließlich einigten sie sich auf die »Städtereise mal anders«. Den Reiseführer brauchten sie dafür nicht.

Am ersten Abend ihrer Kurzreise fanden sie ein angesagtes Bistro, das ganz ihren Vorstellungen entsprach:

Es war voll mit Menschen. Sam und Kira setzten sich zu einer großen Gruppe, an deren Tisch noch zwei schmale Plätze frei waren. Schon nach kurzer Zeit hatten alle den Eindruck, dass die beiden schon immer zur Gruppe gehörten. Es wurde ein fröhlicher Abend, an dessen Ende sie miteinander ihre Adressen tauschten.

Am nächsten Tag zogen Sam und Kira alle Register. Sie fragten etliche Male nach dem Weg oder nach den besten Cafés. Manchmal bekamen sie nur kurze Antworten, manchmal entwickelten sich höchst interessante Gespräche.

Am frühen Abend gingen sie hinunter zum Flussufer, wo *man* sich traf, etwas trank und lauthals diskutierte. Kira mit ihrem großen Strohhut, der von einer schreiend roten Mohnblume gekrönt war, und Sam mit seiner alten Schiebermütze fanden sofort Kontakt und amüsierten sich prächtig.

Am Abreisetag waren sie sich einig, dass es ein unvergessliches Wochenende war. »Wir haben unglaublich viele interessante Menschen kennengelernt. Es war schön, aber auch anstrengend!«, stöhnte Kira lachend.

»Wir können ja in Zukunft auf die richtige Mischung achten«, schlug Sam vor. »Etwas Sightseeing und Kultur, aber auch interessante Begegnungen. Was meinst du?«

Kira nickte. »Das ist ein ausgezeichneter Vorschlag. Ich bin dabei!«

Sie schlenderten ein letztes Mal durch die Straßen der Stadt und ließen die Erlebnisse noch einmal Revue passieren. Plötzlich rief Kira: »Kuck mal, da ist ein süßes Café. Dafür haben wir noch Zeit.«

Sie zögerten nicht lange, sondern gingen sofort hinein. Es waren nur wenige Tische besetzt. Kira zeigte auf einen Platz hinten in der Ecke. »Lass uns den nehmen. Da haben wir Ruhe und Zeit für uns.«

10. Das Geheimnis
am frühen Morgen

Franz war ein Unikum. Er strahlte eine Fröhlichkeit aus, die anziehend und ansteckend zugleich war. Wenn er in seinem Städtchen unterwegs war, winkten ihm die Menschen zu und freuten sich, ihn zu sehen.

Es gab ein Geheimnis um Franz. Jeden Morgen vor Sonnenaufgang verließ er das Haus und kam zwei Stunden später zurück, manchmal mit einer Brötchentüte, immer mit einem Lächeln.

Eines Tages folgte ihm mit genügend Abstand ein neugieriger Nachbar. Er wollte herausfinden, wohin Franz um diese frühe Zeit unterwegs war. Franz spazierte gemütlich die Hauptstraße hinunter, nahm die Fußgängerbrücke über den Fluss und ging dann den unbefestigten Weg zum *Berg* hinauf, wie der Aussichtshügel von den Menschen der Stadt liebevoll genannt wurde.

Oben angekommen setzte sich Franz auf die kleine Bank und blickte in die Richtung der aufgehenden Sonne, die sich bereits durch einen rötlich goldenen Schimmer ankündigte.

Als sich einige Minuten später der Feuerball über dem Horizont abzeichnete, sprang Franz aufgeregt auf, ließ den Blick nicht von der Morgensonne und winkte ihr zu. Dann setzte er sich zufrieden wieder auf seinen Platz und genoss das weitere Schauspiel.

Einige Minuten lang saß er fast unbeweglich, dann stand er auf und machte sich auf den Heimweg. Der Nachbar war schnell vorausgelaufen, um nicht entdeckt zu werden. Doch auf der Brücke siegte seine Neugier. Er blieb stehen und wartete auf Franz.

»Du warst wieder unterwegs wie jeden Morgen. Was hast du oben auf dem Berg gemacht?«, fragte er.

Franz lachte. »Ich habe die Sonne begrüßt und mich überzeugt, dass sie für mich und unsere ganze Stadt aufgeht. Das mache ich jeden Morgen. Danach kann ich beruhigt und in bester Laune heimkehren. Jetzt hole ich gleich frische Brötchen. Darf ich dich zum Frühstück einladen?« Dabei lachte er so fröhlich, als würde die Sonne gerade noch einmal aufgehen.

11. Eine Stunde

Bin gerade angekommen. Erde, so heißt der Planet. Sie ist wunderschön, voller Farben, intensiver Gerüche und spannender Geräusche. Es war eine lange, anstrengende Reise hierher. Eine Stunde darf ich bleiben, eine Stunde.

Ich gehe an einem sprudelnden Bach entlang, schaue hierhin und dorthin und kann mich nicht sattsehen. Durch das Blätterdach glitzert und funkelt das Licht. Durstig beuge ich mich hinunter. Das Wasser ist klar und schmeckt wunderbar. Glückstrunken gehe ich weiter und komme in eine Stadt. So viele Menschen auf den Straßen und Plätzen, so viel Liebe und Glück. Sie lächeln und reden miteinander. Sie sehen so schön aus, die Menschen.

Ich habe noch eine halbe Stunde in der Stadt. Ich sehe Menschen, die laufen und eilen, weil sie keine Zeit haben. Ich habe noch knapp eine halbe Stunde.

Ich entdecke Menschen, die völlig gelangweilt dreinblicken. Ich sehe einige, die nichts sehen als sich selbst und die nicht mehr zum Himmel schauen. Ich sehe Eifersucht und die Sucht nach immer mehr. Ich sehe bunte Blumengärten und hübsche Häuser. Ich habe noch fünf Minuten.

Wenn ich bleiben könnte, noch eine Stunde oder einen Tag oder ein ganzes Leben, ich würde wohl springen und lachen und mich über den Bach, die Bäume, den Himmel und die wunderschönen Menschen freuen. Ich würde das alles in höchsten Ehren halten, ich würde … Es ist so weit! Meine Zeit ist vorbei. Ade, Blauer Planet!

War nur ein Traum! Der Bach gluckst vor sich hin. Ich sehe den Himmel durch das Blätterdach. Ich lebe. Ich lebe!

12. Alles atmet auf

Blauer Himmel, Regentropfen,
bunter Lebenslauf.
Graue Wolken, Sonnenstrahlen,
alles atmet auf.

Lass die Quelle wieder sprudeln,
füll den Brunnen bis zum Rand.
Wenn wir unsern Blick erheben,
weht im Wind ein buntes Band.

Blauer Himmel, Sonnentropfen,
bunter Lebenslauf.
Graue Wolken, Regenstrahlen,
alles atmet auf.

Lass die Sonne wieder scheinen,
zünde an ein helles Licht.
Wenn wir unsern Blick erheben,
weht der Wind uns ins Gesicht.

Graue Wolken, Regentropfen,
bunter Lebenslauf.
Blauer Himmel, Sonnenstrahlen,
alles atmet auf.

13. Ein Grund zur Freude

Lisa besuchte wieder einmal ihre fröhliche Nachbarin, die für ihre gute Laune in der ganzen Gegend bekannt war. Schon oft hatte Lisa versucht, sich etwas von der guten Laune »abzuholen«.

Karina, die etliche Jahre älter war als Lisa, freute sich über den Besuch der jungen Frau. »Herzlich willkommen! Wie geht es dir heute? Du strahlst ja richtig!«

Lisa war schon unruhig, weil sie unbedingt erzählen wollte. »Mir geht es so gut wie schon lange nicht mehr. Ich freue mich so!«

Karina war eher gewohnt, dass Lisa klagte, als dass sie sich freute. »Jetzt erzähl schon, was ist los?«

Sofort sprudelte es aus ihr heraus. Sie erzählte von der schweren Prüfung und den anstrengenden Vorbereitungen. »Gestern habe ich bestanden. Ich hatte gar nicht mehr damit gerechnet, dass es klappt.«

»Jetzt koche ich erst einmal meinen neuen Glückstee. Das muss doch gefeiert werden!«

Lisa strahlte nicht mehr ganz so wie noch eben. »Die Prüfung war ja erst der Anfang. Jetzt hoffe ich, dass ich auch eine gute Anstellung finde. Das ist gar nicht so leicht.«

Karina lächelte. »Genieß erst einmal deinen Erfolg. Das ist doch wirklich ein Grund zur Freude!«

Lisa schlürfte den heißen Tee. »Der tut richtig gut. Ich staune, dass du meistens gute Laune hast. Gibt es immer etwas, worüber du dich freust?«

Karina schmunzelte und begann dann zu lachen wie ein junges Mädchen. »Ich will dir etwas verraten. Früher habe ich gedacht, ich kann mich nur freuen, wenn es einen besonderen Grund gibt. Ein unvergesslicher Tag, das ist ein Grund zur Freude, so glaubte ich.«

Lisa sah sie fragend an. »Und heute? Wie machst du es heute?«

Karina lachte wieder. »Heute freue ich mich am Morgen, *damit* es ein unvergesslicher Tag wird.«

14. Verzaubert

Wir hatten uns seit Tagen auf den Besuch in dem romantischen Städtchen gefreut. Schon die mittelalterliche Stadtmauer ließ unser Herz höher schlagen. Jetzt war es nicht mehr weit bis zum Marktplatz, wo sich schon viele Menschen versammelt hatten. Junge und Alte, Familien und Pärchen standen eng beieinander. Wir blickten in lauter freudig erwartungsvolle Gesichter.

Wir sahen uns an und zuckten mit den Schultern. Gerade als wir jemanden neben uns fragen wollten, begann ein Akkordeon zu spielen, fröhlich und beschwingt. Drei junge Männer standen mit ihren Instrumenten auf einem niedrigen Podest. Als sie warm und mitreißend zu singen begannen, fühlten wir uns sofort wie verzaubert. Sie sangen und spielten von der Liebe und dem Himmel, der Sehnsucht und dem Miteinander. Viele auf dem Platz bewegten sich im Rhythmus, etliche sangen mit – und manche strahlten wie beschenkte Kinder.

Nach einer Stunde erklang das letzte Lied, zuerst fetzig, dann fast besinnlich. Noch heute klingt die Musik in uns, sobald wir an dieses Erlebnis zurückdenken. Über der kleinen Stadt liegt für uns seit diesem Abend ein besonderer Zauber.

15. Auch das noch!

Gabi hatte sich ein paar Tage freigenommen. Ihr ging es in der letzten Zeit nicht besonders gut, der Stress, ihre Diät – und die vielen Dinge, die zu Hause liegen geblieben waren. Jetzt freute sie sich darauf, aufzuräumen und die Papiere in Ordnung zu bringen. Auf ihrem Schreibtisch stapelten sich Versicherungsunterlagen, Verträge, Rechnungen, Formulare, freundliche Erinnerungen und weniger freundliche Mahnungen.

Sie hatte nicht gut geschlafen, wollte sich aber gleich am ersten freien Tag an die Arbeit machen. »Urlaub stelle ich mir anders vor!«, stöhnte sie und setzte sich an den Schreibtisch. Durchs Fenster kam wenig Licht, denn draußen war es grau und regnerisch.

Es klingelte an der Wohnungstür. »Auch das noch!«, entfuhr es ihr. Widerwillig schlurfte sie durch den Flur und öffnete die Tür. Da stand Patricia in ihrer ganzen Pracht – mit blauer Haarsträhne, einem glänzend blauen Nasenpiercing, buntem Sommerkleid und einem leichten, knallgrünen Mantel.

»Du bist ja völlig durchnässt! Komm erst mal herein!«, hieß Gabi ihre Besucherin willkommen.

»Störe ich etwa?«, fragte Patricia und stiefelte fröhlich ins Wohnzimmer. »Ich habe gehört, dass du zu Hause bist und Zeit hast.«

»Na ja, Zeit habe ich eigentlich nicht, ich habe viel zu erledigen. Aber du bist natürlich immer willkommen!« Gabi versuchte, das Wort »willkommen« so einladend wie möglich auszusprechen.

Patricia hielt einen weißen Karton in ihren Händen. Daraus roch es verführerisch. »Ich habe einen frisch gebackenen Käsekuchen mit echter Vanille mitgebracht. Er ist noch warm. Sei so lieb und mach einen leckeren Kaffee dazu.«

Gabi fühlte sich etwas überfahren von der forschen Freundin, die manchmal echt anstrengend und herausfordernd war.

»Leider mache ich gerade meine Diät, du weißt doch, kein Zucker.« Gabi zuckte bedauernd mit den Schultern. »Und ich trinke vier Wochen lang nur Kräutertee. Aber für dich brühe ich gern eine Kanne Kaffee auf.«

Die Papiere auf dem Schreibtisch blieben den ganzen Vormittag unberührt. Irgendwie war es Patricia wieder einmal gelungen, Gabi mit ihrer guten Laune anzustecken. Denn die lachte und strahlte wie schon lange nicht mehr.

»Na, wie schmeckt dir mein Käsekuchen?«, fragte Patricia grinsend. Gabi setzte ihre Kaffeetasse ab. »Fantastisch, absolut fantastisch! Aber mehr als vier Stücke schaffe ich wirklich nicht!«

16. Mitfreuen

In deinem Blumengarten
blüht es an allen Ecken.
Ich freue mich mit dir.

Du konntest dir endlich
deinen großen Traum erfüllen.
Ich freue mich mit dir.

Ihr blickt euch auch nach vielen Jahren
immer noch verliebt in die Augen.
Ich freue mich mit euch.

Es gibt einen einfachen Weg,
mich von meiner schlechten Laune
zu befreien:
Ich freue mich mit ...

17. Der Tag des Lächelns

Marie hatte sich schon seit Wochen auf ihre neue *Heimat auf Zeit* in der großen Stadt gefreut. Zum ersten Mal wohnte sie nicht mehr bei ihren Eltern. Das Zimmer war klein, aber groß genug für eine Studentin, die sowieso am liebsten unterwegs war.

Ganz fremd fühlte sie sich in der Stadt nicht, denn ihre Lieblingstante Ellen wohnte auch dort. So hatte Marie schon am zweiten Tag etwas Vertrautes in der Fremde.

Ellen freute sich über den Besuch ihrer Nichte. Sie hatte zur Feier des Tages einen ganz besonderen Kaffee aufgebrüht. »Wenn ich mich richtig erinnere, magst du ihn am liebsten mit viel Milch, stimmt's?«

Marie nickte. »Dass du dich daran noch erinnerst!«

Ellen hatte einen großen Stapel Croissants auf dem Tisch aufgebaut. »Heute ist der Tag des Croissants!«, meinte sie lachend.

Marie sah die Tante unsicher an. »Wirklich? Davon habe ich noch nie gehört.«

Ellen schmunzelte. »Kannst du auch nicht. Das ist meine eigene Erfindung.« Sie nahm ein Stück, atmete den süßen Geruch ein und erzählte: »Ich höre so oft im Radio, dass heute der Tag der Bienen ist, der Tag

der Wälder oder der Tag der Demokratie. Das fasziniert mich immer wieder. Ich versuche dann oft, mehr über den Begriff zu erfahren.«

Marie hatte aufmerksam zugehört. Jetzt genoss sie wieder das Knistern und Knacken des Croissants beim Abbeißen und Kauen. »Wie bist du gerade auf den Tag des Croissants gekommen?«

Ellen lachte. »Ich habe überlegt, welche Feiertage ich mir wünschen würde. Keine Tage für die ganze Welt, sondern nur für mich. Da ist eine lange Liste entstanden.«

Marie sah sie mit großen Augen an. »Jetzt bin ich aber neugierig!«

Ellen holte ihren Kalender vom Sideboard. »Meine speziellen Tage sind über das ganze Jahr verteilt. Hier siehst du den Tag des Lächelns, den Tag der guten Laune, den Tag der Barmherzigkeit und den Tag der Dankbarkeit. Dann kommt der Tag der Toleranz und der Tag der Schokolade.«

Sie machte eine Pause und leckte sich die Lippen. »Dann siehst du den Tag des Briefeschreibens, der Freundschaft, des Liebesfilms und des Entrümpelns. Außerdem den Tag des Lächelns und den des Verschenkens.«

Marie stutzte kurz. »Den Tag des Lächelns hast du, glaube ich, schon einmal genannt.«

Ellen nickte lächelnd. »Den Tag kann es gar nicht oft genug geben, finde ich.«

18. Die größte Freude

Rosi hatte sich schon lange auf ihren 50. Geburtstag gefreut. »Den werden wir groß feiern!«, hatte sie mit ihrem Liebsten abgemacht. Sie lud Freunde von früher und Freundinnen von heute ein, Verwandte und Nachbarn und Kollegen. Der größte Saal im Ort war reich geschmückt und gerade groß genug für die vielen Gäste.

Bevor das festliche Buffet eröffnet wurde, stellte sich das Geburtstagskind aufgeregt ans Mikrofon. Schlagartig wurde es still im Saal:

Meine lieben Gäste,
ich freue mich sehr, dass ihr alle dabei seid, um mit mir diesen besonderen Geburtstag zu feiern. Ihr alle habt mich auf verschiedene Weise auf meinem Weg begleitet. Gern blicke ich heute auf viele wunderbare Jahre zurück. Die guten Zeiten haben überwogen, das kann ich eindeutig sagen.

Sie schluckte kurz, denn natürlich gab es in ihrem Leben auch schwere Zeiten.

Wofür ich besonders dankbar bin? Ich denke an die große Liebe, die ich vor über 20 Jahren gefunden habe. Wir sind heute noch manchmal so verliebt und verrückt wie damals. Ich denke an die Geburt unserer drei Kinder,

die uns ganz schön auf Trab halten und auf die wir sehr
stolz sind. Ich denke an die vielen fröhlichen Feste, die
wir feiern durften. Und an unvergessliche Urlaube. Ich
denke an unseren Umzug vor zwei Jahren. Und beson-
ders freue ich mich darüber, dass die Großeltern unserer
Kinder heute gesund mit uns feiern.

Ihr seht, Grund zur Freude gibt es mehr als genug. In
den vergangenen Tagen habe ich darüber nachgedacht,
welches die größte Freude in meinem Leben ist. Ich kam
zu folgendem Ergebnis: Die größte Freude erlebe ich je-
den Morgen neu, einfach so – weil es mich gibt, weil ich
lachen kann und jeden Tag wunderbaren Menschen be-
gegnen darf.

19. Zweimal Überraschung

Ich habe sie herbeigesehnt.
Wo bleibt sie nur?,
habe ich immer wieder gefragt.
Ich hatte solche Sehnsucht nach ihr.
Ich habe aus dem Fenster geblickt
und nach ihr Ausschau gehalten.
Ich habe sie so sehr vermisst.
Ohne sie kann ich nicht leben!
Das spürte ich in jedem Augenblick.
Doch ich wartete umsonst.
Sie klopfte nicht an meine Tür,
um mich zu besuchen.

Dann kam die erste Überraschung:
Sie war längst da!
Sie war in jeder Zelle meines Körpers.
Sie war in meinen Träumen.
Sie war zum Sprung bereit.
Ich musste sie nur lassen.
Ich musste endlich aufhören,
sie von außen zu erwarten.

Dann durfte ich sie erleben.
Es war wie im Rausch.
Ich deckte ihr einen bunten Tisch.
Wir feierten die schönsten Feste.
Sie wurde meine große Liebe.

Bald folgte die zweite Überraschung:
Sie kam von allen Seiten.
Sie klopfte an der Tür
und flog zum Fenster herein.
Sie kam mit einem Lächeln,
in hinreißender Verkleidung
und mit heißen Rhythmen.
Sie kam von innen und außen.
Sie war überall.

Wenn ich sie kurz einmal vergesse,
dann flüstert sie mir fröhlich ins Ohr:
Du kannst ohne mich nicht leben.
Hier bin ich, die Freude!

20. Wer lacht denn da?

Es war ein herrlicher Sonnentag Anfang Juni. Die meisten Kinder der Grundschule hatten heute besonders gute Laune und sahen ständig durchs große Fenster hinaus. Die Freiheit lockte. Klasse 3 hatte den Musikunterricht sogar spontan nach draußen verlegt. Fröhlich sangen die Kinder dort den Kanon: »Lachend, lachend kommt der Sommer über das Feld ...« Etliche Passanten blieben fasziniert stehen und hörten zu. Einige summten fröhlich mit.

Ich weiß nicht, ob der Sommer tatsächlich lacht. Es geht in diesem Lied natürlich in erster Linie um die Menschen, die sich über den Sommer freuen. Und wenn der Sommer wirklich lacht, dann lasse ich mich gern einladen mitzulachen.

Kürzlich erzählte mir eine Erzieherin, dass sie dieses Lied mit den kleinen Kindern gesungen hat, und zwar mitten im April. Den Text hatte sie dafür leicht abgeändert: »Lachend, lachend kommt der Frühling über das Feld ...«
Die Sache hat mich sofort überzeugt. Die Einladung zum Freuen und Lachen muss schließlich nicht auf den Sommer begrenzt sein. Ob der Frühling lacht,

so wie der Sommer, weiß ich immer noch nicht. Aber ich lasse mich gern anstecken und lache mit.

Menschen, die viel Humor haben und zu jeder Zeit gern lachen, werden jetzt vielleicht auf die Idee kommen, den Liedtext einfach der jeweiligen Jahreszeit anzupassen. Wie wäre es zum Beispiel mit: »Lachend, lachend kommt der Winter über das Feld ...«?

Sie sind sofort dabei? Wer schlägt schon gern eine Einladung zum Lachen aus?

21. Pit und Patt

Lautes, fröhliches Lachen wehte vom Kindergarten herüber. Pit strahlte, Patt schüttelte verärgert den Kopf.

Im Briefkasten landete eine freundliche Einladung zu einem Nachbarschaftsfest. »Das ist eine wunderbare Idee!«, sagte Pit. »Ich mag keine Feste!«, grummelte Patt.

Der Wetterbericht sagte strahlenden Sonnenschein voraus. »Das wird ein schöner Tag«, rief Pit. »Bestimmt wird es viel zu heiß«, antwortete Patt.

Die Urlaubsreise konnte beginnen. »Ich freue mich auf die Fahrt mit der Eisenbahn. Da fährt man so schön entspannt«, sagte Pit. »Ich mag nicht mit lauter fremden Menschen in der Bahn fahren«, kam die Antwort von Patt.

Patt sah heute traurig aus. »Ich glaube, niemand mag mich.« Pit lächelte ihm aufmunternd zu. »Es gibt viele, die dich mögen, und ich ganz besonders!«

22. Ein großer Schluck

Es ist wieder einmal Zeit für ihren Vorfreude-Tee, das hat Anja schon früh am Morgen gespürt. Sie hat schlecht geschlafen und ist kaum aus dem Bett gekommen.

Die Teezeremonie hatte sie sich vor Jahren selbst ausgedacht. Inzwischen war sie zu einem festen Teil ihres Lebens geworden. Sogar ihre eigene Teemischung hatte sie entwickelt.

Anja stellt das Telefon ab und füllt den großen getöpferten Becher mit dem heißen Vorfreude-Tee. Dann setzt sie sich gemütlich in den alten Sessel, ein Erbstück ihrer geliebten Oma.

Anja nimmt einen Schluck, so heiß mag sie ihn am liebsten. Dann schließt sie die Augen. Nach und nach beginnt sie sich zu entspannen. Eine Weile später öffnet sie wieder die Augen und trinkt weiter von dem köstlichen Tee. Sie lächelt und spürt, wie Ruhe und Zufriedenheit bei ihr einkehren.

Da öffnet sich plötzlich die Zimmertür. Drei junge Frauen in luftigen, bunten Kleidern kommen herein. Ihre langen Haare flattern, als würde ein heftiger Wind wehen. Sie fassen sich an den Händen und be-

ginnen sich langsam und graziös im Kreis zu bewegen. Dazu erklingt Musik, die Anja an eine schwedische Volksweise erinnert. Sie wippt mit den Füßen und würde am liebsten mitmachen.

Die Musik spielt inzwischen lauter und schneller. Auch die Bewegungen der jungen Frauen werden schneller, bis es ein wilder, verzückter Tanz wird. Anja summt die Melodie mit und schlägt den Rhythmus mit den Fingern auf der Sessellehne. Plötzlich denkt sie an das Gartenfest am kommenden Wochenende bei Nora. Sie freut sich schon sehr auf die fröhliche Feier. »Hoffentlich wird wieder getanzt, so wie beim letzten Mal!«, denkt sie und fühlt sich sehr lebendig.

Anja öffnet wieder die Augen und nimmt noch einen großen Schluck. Der Tee ist inzwischen lauwarm. Ihr Herz ist heiß. Sie steht auf. »Wie gut, dass ich meinen köstlichen Vorfreude-Tee habe!«, sagt sie leise zu sich und tänzelt fröhlich hinaus.

23. Vorwiegend heiter

Ich sammle ein paar Sonnenstrahlen,
die schenk ich einfach weiter.
Und wenn es mal nicht sonnig ist –
ich bleibe trotzdem heiter.

Ich sammle lächelnde Gesichter
und schenk das Lächeln weiter.
Und wenn ich mal kein Lächeln seh –
ich bleibe trotzdem heiter.

Ich sammle lauter bunte Farben,
die schenk ich einfach weiter.
Und wenn nur Grau zu sehen ist –
ich bleibe trotzdem heiter.

24. Ich freue mich über ...

Der eine freut sich, wenn tagelang die Sonne scheint und keine Wolke am Himmel zu sehen ist, der andere freut sich, wenn es endlich wieder zu regnen beginnt. Manche lieben beides.

Eine liebt es, wenn frühmorgens der neue Tag beginnt, eine andere freut sich auf den gemütlichen oder aufregenden Abend. Einige freuen sich auf beides.

Manche lieben den kräftigen Sturm und die Kälte im Norden, andere freuen sich, wenn es warm und windstill ist. Oder sie freuen sich über beides.

Einige freuen sich über Ruhe und Einsamkeit, andere bevorzugen die hellen Lichter, die laute Musik und das Bad in der Menge. Einige lieben beides.

Manche freuen sich schon beim Aufwachen auf ihre Arbeit, andere denken vor allem an die Kaffeepause oder den Feierabend. Einige freuen sich auf alles.

Viele freuen sich aufs Wochenende, andere können kaum den Montag erwarten. Einige lieben alle Tage.

Viele freuen sich, wenn sie fremde Sprachen hören und neue Orte kennenlernen, andere fühlen sich wohl in ihrer Heimat, in der alles so ist wie immer. Einige lieben das Fremde und das Vertraute.

Die einen freuen sich auf ein Glas Sekt, die anderen auf ein köstliches Glas Tee. Einige trinken beides.

Manche freuen sich auf dieses und andere auf jenes. Einige freuen sich auf dieses und jenes.

So oder so oder ganz anders – die Hauptsache ist doch, dass wir immer etwas haben, worauf und worüber wir uns freuen können.

25. Ernst oder lustig?

Maike und Lena waren seit Jahren gute Freundinnen, obwohl oder gerade weil sie grundverschieden waren.

Maike kleidete sich gern schwarz oder grau. Meistens blickte sie sehr ernst in die Welt. Sie nahm großen Anteil am Leid ihrer Mitmenschen.

»Wie kannst du bei all dem Leid in der Welt trotzdem so fröhlich sein und so viel lachen?«, fragte Maike ihre Freundin immer wieder einmal. »Du siehst stets einen Sonnenstrahl, auch wenn der Himmel von dunklen Wolken bedeckt ist.«

Lena hört aufmerksam zu, wenn Maike von der Ungerechtigkeit in der Welt erzählte, von Unfällen und Naturkatastrophen. Oft stimmt sie der Freundin zu. Manchmal nahm sie Maike in den Arm und tröstete sie.

Trotzdem ging keine Begegnung der beiden zu Ende ohne ein fröhliches Lachen von Lena. Ihr Strahlen, ihr Humor, ihre Lebensfreude – sie gehörten einfach zu ihr.

Dann geschah Maikes persönliches Unglück. Ihre Mutter wurde bei einem Autounfall schwer verletzt. Sie musste sofort ins Krankenhaus.

Maike war am Boden zerstört. Beim ersten Telefonat, das möglich war, stöhnte sie zerknirscht: »Du hast aber auch ein Pech! Warum muss dir so etwas passieren?« Die Mutter war noch sehr schwach und konnte nicht lange sprechen.

Ein paar Tage später ging es ihr zum Glück schon etwas besser. »Dann kann ich dich morgen besuchen?«, fragte Maike.

Ihre Mutter stimmte sofort zu. »Gern, ich freu mich drauf! Außerdem«, sie holte kurz Luft, »es wäre schön, wenn du deine lustige Freundin Lena mitbringst. Etwas Lachen und gute Laune würden mir bestimmt guttun.«

26. Morgenlicht

Was gestern war,
soll gestern bleiben.
Die dunklen Wolken
sind nordwärts gezogen.
Von alten Sorgen
lass dich nicht treiben.
Die Vögel der Nacht
sind weitergeflogen.

Das Morgenlicht
hinter den Hügeln
taucht gleich die Welt
in Sonnenschein.
Der neue Tag
auf leichten Flügeln
lädt dich zum Tanz
des Lebens ein.

27. Hauptsache,
die Sonne scheint!

Schon lange hatten sich Frederik und Emma auf den Urlaub mit den Eltern in den Bergen gefreut. Kein Gipfel und kein wilder Felsen würde vor ihnen sicher sein! Es gab nur einen kleinen Wermutstropfen: Oma hatte – wie meistens – mitten in den Sommerferien Geburtstag. Dieses Jahr würde sie 70 Jahre alt werden. Zum Glück hatte sie Verständnis dafür, dass sich die Urlaubspläne mit dem Geburtstag überschnitten. »Dann kommt ihr eben zwei Wochen später. Feiern können wir auch dann noch.«

Am Geburtstag telefonierten die Urlauber schon frühmorgens mit dem Geburtstagskind. Zuletzt war Frederik an der Reihe. »Oma, nachher machen wir einen Ausflug an einen Bergsee. Das wird bestimmt super! Ich hoffe, bis dahin scheint wieder die Sonne!«

Oma freute sich mit. »Dann macht doch bitte ein buntes Familienfoto zum Siebzigsten. Das könnt ihr mir in zwei Wochen mitbringen, auf Papier für das Album oder den Bilderrahmen. Viel Spaß am Bergsee! Hauptsache, die Sonne scheint!«

Leider schien die Sonne an diesem Tag überhaupt nicht mehr. Es regnete immer mehr und schließlich schüttete es wie aus Kübeln. Gemeinsam entschieden alle vier, in der Ferienwohnung zu bleiben. »Heute machen wir es uns so richtig gemütlich!«

Am Nachmittag fiel Frederik plötzlich das versprochene Foto ein. »Woher bekommen wir jetzt ein buntes Familienbild? Bei diesem Regen!«

Emma hatte die rettende Idee. »Weshalb haben wir wohl unsere bunten Regenjacken mitgenommen? Höchste Zeit, sie aus dem Koffer zu holen!«

So entstand das Geburtstagsbild doch noch. Rechts stand der Vater mit seiner grünen Regenjacke, links die Mutter im gelben Friesennerz, dazwischen Emma in Knallrot und Frederik in Blau. Alle Haare waren klitschnass, außer bei der Mutter, die ihren orangenen Regenhut aufgesetzt hatte.

»Bunter geht nicht!«, stellte Frederik zufrieden fest. »Oma wird sich freuen. Ein Glück, dass es heute so doll geregnet hat!«

28. Die Quelle

An manchen Tagen kann mich nichts so richtig erfreuen, weder ein gutes Essen noch ein interessantes Buch, weder der Besuch lieber Freunde noch die Blumen vor dem Haus oder der strahlende Sonnenschein. Dann ist es höchste Zeit, meine Quelle zu besuchen.

Ich schließe die Augen. Langsam komme ich zur Ruhe. Zuerst rieche ich noch die Kräuter auf meinem Fensterbrett, ich höre das Summen einer Mücke oder leisen Autoverkehr von draußen. Das alles tritt immer mehr zurück.

Nach und nach komme ich mir selbst näher. Bald beginne ich zu sehen und zu fühlen. Ich versuche mich zu orientieren. Da entdecke ich ein helles Licht, das tief in mir leuchtet. Wie schön, dass es in mir nicht dunkel ist!

Ich sehe Bilder, die mich berühren und mir guttun. Ich stehe am Meer oder oben auf einem Berg. Die Sonne scheint. Wolken ziehen langsam vorbei. Ich fühle mich frei und glücklich.

Ich sitze im Kreis fröhlicher Menschen irgendwo in einem malerischen Park. Ein Tisch ist liebevoll gedeckt. Wir erzählen angeregt und lachen laut.

Plötzlich stehe ich vor einer Quelle, aus der unentwegt frisches, klares Wasser sprudelt. Ich bin angekommen. Freude durchströmt mich. Es ist alles da, was ich brauche.

Als ich die Augen öffne, ist die Freude immer noch da. Ich habe genug geschöpft für diesen Tag. Und es sprudelt immer weiter.

Erstaunt stelle ich fest, dass ich jetzt auch das gute Essen genieße. Ich freue mich über das interessante Buch, über den Besuch meiner Freunde, über die Blumen vor dem Haus und den strahlenden Sonnenschein.

Mir fällt ein Satz des griechischen Philosophen Demokrit ein, den er vor fast 2500 Jahren so formuliert hat: *Der Geist, der sich daran gewöhnt hat, seine Freuden aus sich selbst zu schöpfen, ist glücklich.*

29. Laut oder leise

Sie war schlicht und einfach gekleidet, nur der Strohhut, an dem eine bunte Blume steckte, fiel ein wenig auf. Zufrieden lächelnd ging sie am Fluss entlang. Plötzlich blieb sie wie angewurzelt stehen. Eine sonderbare Gestalt kam ihr entgegen.

Selbstvergessen sah sie dem lustigen Spiel der Fremden zu. »Du bist ja ein zauberhafter, bunter Vogel!«, flüsterte sie kaum hörbar. Fasziniert näherte sie sich dem sonderbaren Wesen, das in einem Augenblick tanzte und ein Rad nach dem anderen schlug, im nächsten Moment laut lachte und sich mit den Fäusten vor lauter Übermut auf den Bauch trommelte.

»Das ist ja eine lustige Vorführung. Willst du mir sagen, wer du bist?«, fragte sie jetzt etwas lauter. Die Angesprochene winkte ihr mit großer Geste zu. »Hallihallo, ich bin die laute Freude. Ist das Leben nicht wunderbar?« Gleich begann sie wieder, ein Rad zu schlagen und wild den Weg entlangzuhüpfen.

Als sie wieder zurück war, gluckste sie vor Lachen. »Du stellst ja Fragen! Mich kennt doch hier jeder! Die Leute sind von mir begeistert. Aber du gefällst mir auch, obwohl du wohl ein wenig langweilig, äh, ich meine, zurückhaltend bist. Und jetzt will ich natürlich auch wissen, wer du bist!«

»Ich freue mich sehr, dich kennenzulernen. Angenehm, ich bin die leise Freude.«

Die laute Freude schlug erst einmal ein Freudenrad nach dem nächsten, dann machte sie einen Handstand und blieb lachend auf den Händen stehen. »Ich werde verrückt! Dann sind wir ja verwandt!« Sie sprang wieder auf und drückte der leisen Freude einen dicken Kuss auf die Stirn.

Die wich erschrocken zurück. »Ich muss gestehen, ich habe ein wenig Angst vor dir. Du bist so groß und laut und fröhlich! Das ist aufregend und unheimlich zugleich!«

Die laute Freude zwinkerte ihr fröhlich zu. »Das geht mir mit dir ähnlich. Du bist anders als ich und trotzdem sind wir verwandt. Ich bin ein toller bunter Vogel, aber ich glaube, du hast etwas, das nicht habe.

Fünf Minuten später saßen die beiden zusammen in einem kleinen Café, um sich näher kennenzulernen. »Einen Kaffee, bitte, mit etwas Milch«, bestellte die leise Freude.

»Für mich einen doppelten Cappuccino. Mit Karamellsirup und Minze und obendrauf Kakao. Ach ja und bunte Liebesperlen!«

Die leise Freude genoss ihren Kaffee. »Was für ein herrliches Aroma! Ich liebe diese Sorte!«

Die laute Freude sah sie erstaunt an. »Das reicht dir? Das ist doch alles nur heißer Kaffee! Ich finde das

Leben immer erst dann interessant, wenn es schrill und chaotisch ist.« Sie dachte kurz nach. »Manchmal kann es mir gar nicht verrückt genug sein. Wenn die Farbe verschwindet, bin ich schnell unzufrieden. Dann versuche ich, es noch bunter zu treiben. Irgendwie bewundere ich dich! Du machst so einen zufriedenen Eindruck.«

Die leise Freude nickte. »Ich bewundere dich auch. Du bist so, ich meine, so …«

Die laute Freude setzte den Satz fort: »So schrill und verrückt und ausgelassen und …«

Jetzt hatte die leise Freude das letzte Wort: »Und so laut! Vielleicht bin ich manchmal zu leise.«

Als die beiden Stunden später Arm in Arm das Café verließen, hatten sie entschieden, sich nie wieder zu trennen.

»Ich brauche dich«, sagte die laute Freude, »weil meine Freude auch fröhlich bleiben soll, wenn der Spaß vorbei ist und die bunten Farben verschwunden sind.«

Die leise Freude lächelte versonnen. »Ich brauche dich, um meine vielen Farben nicht tief in mir zu verstecken, sondern um …« Sie kratzte sich am Kopf.

Ihr Gegenüber sprang lachend in die Luft. »Du meinst, um mal richtig die Sau rauszulassen?«

Die leise Freude nickte zustimmend und bekam im selben Augenblick einen roten Kopf.

30. Ein Lächeln für mich

Was für ein Glück,
dass ich nicht fehlerfrei sein muss!
Ich schenke mir ein Lächeln,
wenn ich nicht als Sieger ins Ziel komme.
Ich habe Geduld mit mir,
wenn ich etwas nicht gleich verstehe.

Ich freue mich über alles,
was mir gelingt –
und akzeptiere fröhlich meine Grenzen.

31. Ode an die Freude

Freude, schöner Götterfunken«, dichtete der junge Friedrich Schiller im Sommer 1785. Der Text wurde schnell so populär, dass es bald mehrere Vertonungen davon gab. Die bekannteste ließ etwas länger auf sich warten. Sie stammt von Ludwig van Beethoven, ist Teil seiner berühmten 9. Sinfonie und wurde im Jahr 1824 uraufgeführt.

Freude ist ein göttliches Geschenk, so sah es Schiller wohl. Freude führt unterschiedliche Menschen zusammen, so beschreibt er es. Was als Trinklied begann, das überschwänglich die Gleichheit aller Menschen feierte, wurde schließlich mit Beethovens Musik zu einem völkerverbindenden Werk, das heute sogar als offizielle Hymne der Europäischen Union gilt. Na ja, der Text wird dabei nicht mitgesungen, da es zu viele verschiedene Sprachen in Europa gibt.

Wer hat noch nie vor Freude gejubelt oder gejauchzt? Ein Loblied an die Freude geht uns immer dann über die Lippen, vielleicht ohne Musik, wenn wir überwältigt sind von etwas Wunderbarem. Von der Liebe, dem Wiedersehen, der Schönheit dieser Welt oder dem Mut, unser eigenes Leben zu leben.

32. Am Mittwoch gibt's Müsli

Morgen ist wieder so ein Tag, den ich am liebsten schon vorher aus dem Kalender streichen würde«, sagte Lisa am Abend zu Sven. »Nicht nur wegen Müsli!«

Mittwochs hatten sich beide grundsätzlich auf Müsli geeinigt, wegen Cholesterin und Klima und so. Aber Müsli war bei Weitem nicht das Schlimmste. Morgen ging es in der Firma um die aktuellen Quartalszahlen, und die sahen nicht gut aus. Außerdem stand schon wieder ein Termin mit den Handwerkern an und abends das leidige Gespräch mit der Klassenlehrerin ihrer Tochter. »Manchmal ist alles zu viel!«, sagte sie zu Sven, bevor sie sich schon um neun Uhr ausgepowert ins Bett legte.

Sie war gerade eingeschlafen, als das Telefon klingelte. Verärgert stand sie auf und griff nach ihrem Handy. Ein Arzt meldete sich. Sie hatte kürzlich in einer Praxis einen umfangreichen Gesundheitscheck machen lassen.

»Tut mir leid!«, sagte er mit gedehnter Stimme, »es sieht gar nicht gut aus. Ihr Körper ist total verstrahlt. Sie müssen sofort in Quarantäne gehen. Melden Sie sich im Krankenhaus.«

Lisa war schlagartig hellwach. Schnell zog sie sich an, ohne ihren Mann zu stören, und lief hinaus in die Nacht. Wie von Sinnen hastete sie durch die verlassenen Straßen der Stadt. »Wie konnte das geschehen? Ich ernähre mich doch so gesund!«

Plötzlich stand sie vor dem Krankenhaus. Eine Frau im weißen Kittel erwartete sie. »Kommen Sie erst einmal mit ins Badezimmer. Ihre Mutter ist auch schon da.«

Lisa war völlig verwirrt. Als sie das Badezimmer betrat, sah sie ihre Mutter in einer Badewanne, gefüllt mit Müsli. Das Licht flackerte, eine Sirene heulte hell auf. Dieses Geräusch …!

Lisa versuchte sich zu orientieren. Da hörte sie wieder das Geräusch. Sie öffnete die Augen. Ihr Wecker klingelte. Ihr Wecker! Dann hatte sie das alles nur …?

Kurze Zeit später stand Lisa quicklebendig unter der Dusche. Sie sang dabei aus voller Kehle. Das hatte sie schon seit Jahren nicht mehr getan.

Dann tanzte sie ausgelassen durch die Wohnung, sah lachend nach ihrer Tochter, öffnete die Vorhänge – und sang und tanzte immer noch.

»Du bist aber heute gut gelaunt«, staunte Sven beim Frühstück. »Und das trotz Müsli?«

Sie strahlte ihn an. »Ich liebe Müsli!«

33. Warum lachst du?

Sophie lachte viel. Eigentlich fast immer. Sie hatte stets gute Laune. Ich habe sie oft besucht, vielleicht deshalb, weil sie so viel lachte.

»Wie geht es dir?«, fragte ich.

»Mit geht es gut«, antwortete sie und lachte.

»Warum lachst du?«, fragte ich neugierig.

»Weil ich mich so freue«, sagte sie und lachte wieder.

»Worüber freust du dich?«, fragte ich weiter.

»Ich freue mich, weil du mich besuchst.«

Ich dachte angestrengt nach. »Und nachher, wenn ich wieder gegangen bin, was ist dann?«

Sie legte den Zeigefinger kurz auf den Mund, als würde sie ein Geheimnis verraten, und grinste. »Dann freue ich mich, dass du mich besucht hast.«

Etwas hilflos fragte ich weiter: »Worüber freust du dich denn sonst noch?«

Sie lachte wieder. »Über vieles, aber besonders über Besuch.«

Ich versuchte es ein letztes Mal: »Also hättest du am liebsten immer Besuch?«

Sie grinste wieder. »Ich freue mich über jeden Besuch. Und wenn ich abends ins Bett gehe, sage ich: *Gekommen, gegangen – beides war schön!*«

34. Ins Wasser gefallen

Katharina hatte sich so sehr auf diesen festlichen Sommerabend in ihrem Blumengarten gefreut. Alles war schön dekoriert, die geliehenen Tische und Stühle standen bereit und warteten auf viele fröhliche Gäste. Die drei Musiker hatten bereits begonnen, ihre kleine Anlage aufzubauen.

Dann begann der Regen. Erst vorsichtig, als wollte er die Lage prüfen, dann prasselte und platschte es immer mehr und schließlich gesellte sich noch ein ausgewachsener Sturm dazu. Das große Gartenfest musste im wahrsten Sinne des Wortes ins Wasser fallen.

Einige Unentwegte waren trotzdem gekommen, um Katharina dabei zu helfen, die schöne Dekoration, die Decken und das Geschirr in Sicherheit zu bringen. Anschließend saßen alle noch in der Küche zusammen. Katharina würde jetzt bestimmt etwas Trost und Aufmunterung brauchen.

Es war schon dunkel, als es klopfte. Katharina ging zur Tür und öffnete. Eine gute Freundin stand draußen, wo es immer noch regnete. »Katharina, du Arme, das tut mir so leid für dich! Du hast dich doch so auf die Feier gefreut. Kann ich noch etwas für dich tun?« Katharina hielt sich die Hand vor den Mund. Trotz-

dem konnte sie ein Kichern nicht verbergen. Von der Küche klang ausgelassenes Lachen herüber. Die Freundin blickte erst fragend zu Katharina und dann zum Kreis der Unentwegten. »Was ist denn mit euch los? Ich hatte erwartet, Kathies Tränen trocknen zu müssen.«

Katharina strahlte die Freundin an. »Komm doch zu uns herein. Wenn wir schon kein Gartenfest feiern, dann wenigstens die fröhlichste Küchenparty meines Lebens!«

35. Ganz schön albern!

Draußen regnete es in Strömen. Beide Kinder spielten vergnügt auf dem Teppich im Wohnzimmer, während die Mutter in der Küche stand und das Essen zubereitete. Sie hatte das Radio laufen und sang fröhlich mit.

Nach einiger Zeit wurde es den Kleinen langweilig. Sie kamen in die Küche und sahen sich neugierig um. »Mama, was gibt es heute zu essen?«

Die Mutter kannte diese Frage nur zu gut. Sie sah die Kinder lächelnd an. »Lasst euch überraschen!«

Aber die beiden gaben nicht auf. »Bitte, bitte, sag es uns. Wir haben solchen Hunger.«

Die Mutter machte das Radio aus und ging ein wenig in die Knie. »Was glaubt ihr denn, koche ich gerade für euch? Könnt ihr es schon riechen?«

Die Kinder sahen sich an und gackerten los. Die Mutter fragte irritiert: »Ist das so lustig?«

Die Mutter schüttelte schmunzelnd den Kopf. »Tut mir leid! So etwas kommt bei uns nicht auf den Tisch.«

Die Kinder lachten wieder. »Dann gibt es vielleicht Erbsen und Mohrrüben mit Erdbeersoße und Schlagsahne?«

Die Mutter schüttelte noch einmal den Kopf. »Ihr seid albern. Wartet einfach noch ein paar Minuten ab.«

Doch die beiden gaben nicht auf. »Bitte, Mama, sag uns endlich, was es zu essen gibt!«

Die Mutter stöhnte filmreif. »Also gut, ich gebe auf. Ich habe ein leckeres Mahl für meine Lieblinge vorbereitet. Es gibt gebackene Socken mit Vanillesoße!«

Die Kinder stutzten, dann stemmten beide die Hände in die Hüfte. Das ältere rief verärgert: »Mama, jetzt bist du aber albern!«

Das jüngere fügte ernst hinzu: »Du weißt doch, albern sein dürfen nur kleine Kinder!«

36. Heute ist mein Tag

Gestern habe ich noch gefragt: »Warum musste das so kommen? Warum habe ich das alles nicht viel früher gemerkt? Warum habe ich nicht anders entschieden?«

Gestern habe ich gefragt: »Was wird morgen sein? Werden wir einen gemeinsamen Weg finden? Was wird die Zukunft für mich und für uns bringen?«

Gestern habe ich gefragt: »Warum ist das Leben so anstrengend? Warum bin ich häufig so unzufrieden? Warum können wir uns nicht besser verstehen? Warum lache ich so selten?«

Heute ist mein Tag.

Heute will ich nicht dieselben Fragen stellen wie gestern. Heute will ich nicht verletzt sein. Heute will ich nicht klagen. Heute ist mein Tag.

Heute spüre ich, wie schön es ist, eine menschliche Stimme zu hören. Heute beobachte ich einen Käfer und staune über das Leben. Heute höre ich eine wunderschöne Melodie und bewege mich dazu – langsam oder schnell. Heute schließe ich die Augen und freue mich über die berührenden Bilder, die entstehen. Heute genieße ich jede Begegnung. Heute lache ich

den Spiegel an und freue mich über die fröhliche Antwort. Heute blicke ich zu den Wolken, die vorbeiziehen, und glücklich ziehe ich mit. Heute fühle ich meine Sehnsucht, die mir von der Erde und vom Himmel erzählt.

Heute ist mein Tag.

Heute verliebe ich mich neu ins Leben. Heute entdecke ich, welche Möglichkeiten in mir schlummern: meine Kraft, meinen Mut, meine Leichtigkeit und meinen Humor. Heute erlebe ich, wie mein Stern aufgeht. Heute ist alles wie immer und doch völlig anders.

Vielleicht werde ich spätabends mit einem Lächeln ins Bett gehen. Ich werde erfüllt sein von dem, was mir begegnet ist. Ich werde mich auf eine erholsame Nacht freuen. Meine letzten Worte, bevor ich einschlafe? Morgen ist mein Tag!

37. Der Termin drängt

Johann hatte sich entschlossen, die Abkürzung durch den Park zu nehmen. Da sparte er mindestens drei Minuten. Er hatte es wieder eilig. Vom Hauptweg am Spielplatz vorbei war es nicht mehr weit zur Südpforte und von dort zum Büro.

Plötzlich sah er Kathrin, die allein auf einer Bank saß. Kathrin! Vor vielen Jahren hatten sie dieselbe Schulklasse besucht und oft miteinander geredet. Kathrin! Sie lächelte. Richtig glücklich sah sie aus!

Sein Kopf sagte, der Termin drängt. Sein Herz schüttelte den Kopf und blieb stehen. »Kathrin, du? Wie lange haben wir uns nicht mehr gesehen?«

Sie sah ihn an und lächelte noch mehr. »Johann, was für eine wunderbare Überraschung! Komm, setz dich zu mir! Wie ich mich freue!«

Sein Kopf sagte, jetzt schnell weiter. Normalerweise siegte er. Der Termin drängte.

Dann saß Johann tatsächlich neben ihr und atmete ihre Fröhlichkeit und Leichtigkeit ein.

Doch sein Kopf wehrte sich gegen ihre Fröhlichkeit und ließ sich nicht verzaubern. »Schade, ich habe gerade keine Zeit. Ich muss dringend ins Büro. Wollen wir uns in den nächsten Tagen verabreden?«

Sie sah ihn an und für einen kurzen Moment verschwand ihr Lächeln. »Ich bin nur ein paar Stunden in der Stadt. Ich wohne nicht mehr hier. Ist dein Termin so wichtig?«

Sein Blick verriet Traurigkeit. »Die Arbeit wird immer mehr. Ich kann mich gar nicht dagegen wehren. Oft weiß ich nicht, wo mir der Kopf steht. Also zwei Minuten, dann muss ich wirklich los. Sag mal, du siehst so glücklich aus. Bist du verliebt?«

Sie strahlte. »Weiß nicht. Vielleicht bin ich verliebt ins Leben. Was musst du Dringendes tun?«

Er stöhnte kurz auf. »Das Übliche, Verkaufsverhandlungen, Angebote, Besprechungen – wenn du verstehst?«

Sie schien nicht zu verstehen. »Ich liebe den leichten Wind. Spürst du ihn? Und den Gesang der Vögel. Kannst du ihn hören?«

Ihre Stimme erinnerte ihn an längst verwehte Träume. Er sah sie an und glaubte ihrem Lachen. Er verstand sich selbst nicht mehr. Sein Herz war verzaubert. »Vielleicht doch nicht so wichtig, mein Termin. Komm, erzähl mir von dir!«

38. Von allen Seiten

Frieda konnte auf ein langes, erfülltes Leben zurückblicken. Jetzt war sie alt und bei manchen Dingen auf Hilfe angewiesen. Trotzdem versuchte sie, weiterhin aktiv am Leben teilzunehmen. Sie las viel, freute sich über Besuch und hatte sich ihren Humor bewahrt. Oft lachte sie laut und fröhlich wie damals als junges Mädchen.

Über mangelnde Hilfe konnte sie sich nicht beklagen. Die Tochter einer alten Freundin kam mehrmals in der Woche, um für sie einzukaufen. Bei der Gelegenheit half sie Frieda gleich, etwas Ordnung in die Wohnung zu bringen. »Ist doch nicht nötig!«, sagte Frieda dann manchmal und bot ihr ein frisches Stück Streuselkuchen an.

Frieda kochte immer noch gern, auch wenn es ihr schwerfiel und sie viel Zeit für alles brauchte. Oft kam eine Nachbarin und brachte ihr eine warme Mahlzeit. »Damit du nicht verhungerst. Königsberger Klops, das magst du doch so gern. Ich habe für dich gleich mitgekocht.«

Manchmal kam ein Ehepaar aus der Gemeinde. Sie erzählten vom vergangenen Gottesdienst, lasen Frieda Geschichten vor und brachten ihr anregende Spruchkärtchen mit.

Häufig kam die Hilfe sogar von verschiedenen Seiten auf einmal. Dann lud Frieda alle, die da waren, zum Kaffee ein. Lauter helfende Hände deckten dann schnell den Tisch und sagten zu Frieda: »Setz dich, den Kaffee kochen wir.« Meistens lächelte Frieda dann und nahm Platz.

Alle zwei Wochen kam Friedas Tochter zu Besuch. Sie wohnte weit entfernt in einer großen Stadt. »Mama, du kannst wirklich froh sein, so viel Hilfe zu bekommen«, sagte die Tochter, als sie wieder einmal ihre Mutter besuchte. »Ich habe dir wieder einiges mitgebracht. Aber wie ich sehe, sind dein Kühlschrank und deine Speisekammer gut gefüllt. Du hast es wirklich gut.«

Frieda strahlte ihre Tochter an. »O ja, ich habe es wirklich gut. Aber du, ich finde, du siehst müde aus. Komm, setz dich an den großen Esstisch. Ich habe etwas Besonderes für dich vorbereitet – ein leckeres Menü mit drei Gängen.«

Die Tochter versuchte zu widersprechen. Aber Frieda ließ es nicht zu. »Ich möchte dich gern verwöhnen. Und ich weiß«, dabei lachte sie wie ein junges Mädchen, »sich verwöhnen zu lassen ist manchmal gar nicht so einfach.«

39. Endlich wieder

Lange waren wir getrennt.
Es war für uns beide keine leichte Zeit!
Endlich kommst du zurück.
Wir können uns wieder in die Arme schließen.
Was für eine Freude!

Lange habe ich mir zu wenig zugetraut.
Ich habe an mir gezweifelt und mich versteckt.
Endlich gehe ich wieder los.
Das Selbstvertrauen wächst mit jedem Schritt.
Ich glaube an mich.

Lange bin ich nicht mehr am Meer gewesen.
Es ist immer noch mein Sehnsuchtsort.
Endlich stehe ich wieder am Ufer,
genieße den Blick zum Horizont
und sauge den herben Salzgeruch ein.
Die Freude weht im Wind.

Lange sah ich die Welt
wie durch eine getönte Brille.
Meine Seele war verdunkelt.
Endlich ging mir ein Licht auf.
Ich kann wieder lachen und fröhlich sein.
Mein Licht leuchtet.

Lange habe ich nur zurückgeblickt
auf die guten alten Zeiten.
Endlich bin ich aufgewacht.
Ich mache mich wieder auf den Weg.
Neue Abenteuer liegen vor mir.
Ich liebe das Leben!

40. Kochen und genießen

Für Eva und Sebastian ist es immer ein kleines Fest, wenn Freunde zu Besuch kommen. Da kann man so schön erzählen, diskutieren, sich an längst Vergangenes erinnern und von seriösen oder verrückten Zukunftsplänen berichten. Manchmal kommt man dabei vom Hundertsten ins Tausendste, und schnell vergehen die Stunden. Früher haben sie stets großen Aufwand betrieben, um die Gäste zu bewirten. Sie zogen sich zurück – »Bis gleich!« –, um in der Küche das Essen vorzubereiten. Aber das war einmal.

Viel schöner ist es doch, gemeinsam mit den Freunden in der Küche zu stehen und weiterzuerzählen, während alle etwas schnippeln und oder in den Töpfen rühren. Wenn der Besuch länger bleibt, werden oft schon die Auswahl des Menüs und der Einkauf gemeinsam erledigt. Zum Glück gibt es in der Nähe einen malerischen Markt, da können alle riechen, vergleichen und fachsimpeln. Auf dem Rückweg noch ein, zwei Flaschen Wein ausgesucht – die Zubereitung kann beginnen.

In aller Ruhe wird dann das Essen vorbereitet. Jemand schneidet unter Tränen die Zwiebeln, nicht fachmännisch, aber engagiert, nebenan wird bereits

Wasser für die Suppe erhitzt. Dabei wird erzählt, immer wieder unterbrochen durch »O, riecht das gut!« oder »Wer hat die Zitrone gesehen?«.

Zwischendurch wird schon mal der Wein probiert, und bald ist die Wohnung erfüllt von den herrlichsten Wohlgerüchen.

Das Hauptgericht im Backofen braucht noch eine halbe Stunde, die Suppe ist fast fertig. Da wird bereits gemeinsam der Tisch gedeckt, mit bunten Servietten, den alten, kostbaren Gläsern, schön dekoriert. »Lasst uns schon mal mit der Suppe beginnen.«

Mit Freunden zu kochen, das ist für Eva und Sebastian ein Fest für alle Sinne. Während der Suppe erklingen im Hintergrund leise Barockklänge – oder doch lieber die Flötenmusik aus Schweden? Und so geht es weiter in fröhlicher Runde, mit Essen, Erzählen und schließlich dem gemeinsamen Abwasch.

Die beiden freuen sich schon auf die nächste Gelegenheit, gemeinsam mit guten Freunden ein leckeres Essen zuzubereiten und gemeinsam zu genießen.

41. Mit jedem Schritt freier

Zu Hause stapelte sich mein kostbarster Besitz.
Berge von Sorgen füllten die Regale.
Meine Ängste fanden sich in allen Ritzen.
Vorurteile lauerten gleich hinter der Tür.
Und ich stand stolz in jeder Vitrine.

Als ich mich auf den Weg machte,
wollte ich auf meinen Besitz nicht verzichten.
Voll bepackt trat ich die Wanderung an.
Aber schon bald musste ich Ballast ablegen.
Jedes Stück, das auf dem Weg zurückblieb,
war mir ans Herz gewachsen.
Es tat weh.
Doch die Lasten wurden leichter
und mit jedem Schritt wurde ich freier.

42. Die Rosen in Beates Garten

Sarah freute sich, am Telefon die Stimme ihrer Freundin aus Jugendtagen zu hören. Beate sprach sehr leise, deshalb musste Sarah den Hörer dicht ans Ohr nehmen. »Hast du Lust, mich nächste Woche zu besuchen? Du hast immer so gute Laune.«

Als die *gute Laune* einige Tage später vor Beates Häuschen stand, staunte sie über den Vorgarten. Lauter Disteln! Sie erinnerte sich an den letzten Besuch vor drei Jahren. Da hatte es hier noch anders ausgesehen.

Sarah blieb ein paar Minuten stehen und blickte genau hin. Da, zwischen den Disteln, schauten tapfer ein paar Rosenblüten hervor. Sarah lächelte ihnen zu.

Sie ging zur Eingangstür und klingelte, zweimal kurz und einmal lang. Es dauerte einen Moment, dann öffnete Beate die Tür. »Schade, dass wir uns so selten sehen! Du warst für mich schon immer ein Lichtblick.«

Sarah nahm die Freundin in den Arm. »Schön, dich zu sehen. Ich freue mich, dass ich mal wieder bei dir bin.«

Im Wohnzimmer fielen Sarah sofort die vielen Kerzen auf. Zwei brannten. »Du liebst Kerzen?«, fragte Sarah.

Beate nickte. »Irgendwie schon, glaube ich. Ich zünde gern eine Kerze an. Hier, das Licht ist für den Unfall eines älteren Herrn aus unserem Nachbarort. Und das zweite Licht ist für die Dürre im Osten von Afrika, darüber habe ich gerade einen Bericht gelesen.«

Sarah war einen Augenblick lang sprachlos. »Du machst dir viele Gedanken?«

Beate nickte wieder. »Ich kann ja nicht viel tun gegen das Leid in der Welt. Aber ich informiere mich und nehme Anteil. Die Lichter sind mein Beitrag.«

Sarah hielt immer noch einen bunten Blumenstrauß in der Hand. »Hier, den habe ich dir mitgebracht. Etwas Farbe und Fröhlichkeit.«

In der ganzen Wohnung roch es verlockend nach frisch gebackenem Käsekuchen. Beate lud die Freundin an den Tisch: »Ich habe Kaffee aufgesetzt. Ich habe sogar versucht, einen Kuchen zu backen. Er ist leider am Rand etwas schwarz geworden. Habe ich abgeschnitten. Ich hoffe, man kann ihn trotzdem essen.«

Der Kaffee tat gut, der Kuchen schmeckte ausgezeichnet. »Er ist dir wunderbar gelungen«, sagte Sarah. »Ich nehme gern noch ein zweites Stück. Ob du mir das Rezept verraten würdest?«

Beate war überrascht, dass ihr Kuchen gelobt wurde. »Meine Tante Frieda konnte den besten Käsekuchen backen. Ich schreib dir alles auf einen Zettel.«

Die Freundinnen erzählten angeregt und lachten viel. Beate strahlte. »Das ist mehr als ein Lichtblick heute. Ich habe mich schon lange nicht mehr so gut gefühlt!«

Als Sarah aufbrach, begleitete Beate sie noch bis auf die Straße. »Was du wohl gedacht hast, als du meinen kleinen Distelgarten gesehen hast?«

Sarah lachte. »Ich habe mich gefragt, wann die wohl blühen. Und dann habe ich die Rosenblüten entdeckt. Sie sind so schön!«

Beate nahm die Freundin zum Abschied in den Arm. »Hoffentlich kommst du bald mal wieder. Den Garten wirst du dann nicht wiedererkennen!« Sie sah den Garten an und ihren Besuch, dann lachte sie wie ein Kind, das einen Streich spielen will. »Erst einmal zünde ich eine Kerze für den Garten an.«

43. Vom Leben beschenkt

Wer loslassen kann,
wird Freiheit gewinnen.
Wer weinen kann,
wird lachen und fröhlich sein.
Wer die Sorgen vergisst,
wird Probleme lösen.
Wer das Alleinsein kennt,
wird Gemeinschaft schätzen.

Wer Niederlagen verkraftet,
hat einen Sieg errungen.
Wer ein Licht entzündet,
findet den Weg.
Wer nach vorne blickt,
ist bereit für die Zukunft.
Wer sein Herz öffnet,
wird vom Leben beschenkt.

44. Lass uns tauschen!

Leopold glaubte bisher immer, ein zufriedener, fröhlicher Mensch zu sein. Er war sehr beliebt, weil er überall gute Laune verbreitete. Wenn er lachte – und sein Lachen war höchst ansteckend –, dann war es, als würde sich der Himmel öffnen und lauter Blumen und bunte Sterne herabregnen lassen. Er liebte seine Frau und seine Kinder und sagte oft: »Ich bin wirklich ein Glückskind!«

Dann kam der 5. Mai. An diesem Tag fand zum ersten Mal seit vielen Jahren ein Klassentreffen statt. Er hatte sich auf einen fröhlichen Nachmittag und viele spannende Begegnungen gefreut.

Doch statt eines fröhlichen Austausches erwartete ihn eine unendliche Folge von »Erfolgsmeldungen«. Einer baute gerade sein drittes Haus, einige erzählten von teuren Weltreisen, andere waren dabei, auf der Karriereleiter nach ganz oben zu klettern. Leopold konnte nichts zu den Gesprächen beitragen, außer seiner guten Laune. Aber auch die verflüchtigte sich zusehends.

Als er wieder zu Hause war, zog er sich in sein Zimmer zurück. Er begann, über sein Leben nachzudenken, und fragte sich, warum es den anderen aus seiner Klasse so viel besser ging als ihm. Sein Geld reichte

meistens gerade bis zum Monatsende. Große Sprünge konnte er sich nicht leisten. Hatte er bisher etwas Entscheidendes falsch gemacht?

Müde und erschöpft legte er sich aufs Bett. Sofort fiel er in einen tiefen Schlaf. Irgendwann hörte er wie aus weiter Ferne, dass es an der Wohnungstür klingelte. Wie spät war es? Benommen stand er auf und schlurfte zur Tür. Draußen stand ein älterer Mann mit deutlich getönten dunklen Haaren. Er sah sehr gepflegt aus. »Entschuldigung, ich würde Sie gern kurz sprechen. Es ist sehr wichtig.«

Leopold bat ihn herein und bot ihm einen Platz an. Der Fremde sah traurig aus.

»Was kann ich für Sie tun?«, fragte Leopold und musterte die teure Kleidung des Besuchers.

»Ich möchte Ihnen ein großzügiges Angebot machen. Ich habe alles im Leben erreicht, was ich mir gewünscht hatte – Erfolg, Luxus, teure Weine, schöne Frauen. Aber das Wichtigste fehlt mir. Ich bin nicht glücklich. Ich kann nicht mehr lachen.«

»Ja und, was hat das mit mir zu tun?«, fragte Leopold ratlos. »Ich weiß nicht, was ich Ihnen bieten kann.«

Der Fremde stand auf und sah Leopold fest in die Augen. Dann sagte er laut und deutlich: »Ich biete Ihnen meine magische Karte. Damit können Sie ohne Limit alles kaufen, was Ihnen gefällt. Sie geben mir im Tausch nur eine Kleinigkeit – Ihr Lachen!«

Leopold war sich nicht sicher, ob er richtig verstanden hatte. Doch der Besucher sah ihn ernst an. »Ohne Limit, Sie können sich darauf verlassen!«

Leopold dachte an das Klassentreffen und die eindrucksvollen »Erfolgsmeldungen«. Er dachte an sein leeres Bankkonto und an die vielen Möglichkeiten, die ihm offenstehen würden.

»Also gut!«, flüsterte er mit zitternder Stimme. »Also gut! Ich bin einverstanden!«

Leopolds Leben veränderte sich schlagartig. Er konnte sich jetzt tatsächlich alles leisten und kaufen, was er wollte. Er lebte wie im Rausch.

Er wohnte in einer imposanten Villa am See. Wenn er das Haus verließ, begleiteten ihn stets zwei Leibwächter, weil er Angst hatte, seine magische Karte zu verlieren.

Nach einem Jahr war der erste Rausch vorbei. Leopold sah im Spiegel immer häufiger ein ernstes, trauriges Gesicht. Die meisten Freunde von früher hatten sich zurückgezogen. In seinem prächtigen Haus war kein Lachen mehr zu hören.

Eines Tages zog seine Frau mit den Kindern aus. »Das ist kein Leben mehr! Du bist nur noch eine traurige, wandelnde Kreditkarte!«

Zum ersten Mal dachte Leopold daran, seine magische Karte zurückzugeben. Seine Augen glänzten nur noch, wenn er an sein altes Leben zurückdachte. Sonst waren sie leer und stumpf.

Irgendwann machte er sich auf die Suche nach dem geheimnisvollen Fremden, der ihn zu dem Tausch überredet hatte. Doch er kannte nicht einmal seinen Namen.

Einem Detektiv gelang es schließlich, die Adresse des Mannes herauszufinden. Sofort ließ sich Leopold zu dem Ort fahren. Am Rande einer Stadt auf einer leichten Anhöhe entdeckte er ein schönes Haus. »Dort wohnt er also!«, sagte Leopold zu sich und in seinem Bauch kribbelte es.

In dem Haus wohnte eine Familie mit fünf Kindern. Aber niemand dort sah aus wie der Fremde. »Ich suche einen älteren Herrn. Der soll genau hier wohnen. Er ist recht groß und«, er dachte kurz nach, »ich glaube, er ist glücklich und lacht sehr viel.«

Eines der Kinder rief aufgeregt: »Das kann nur unser Nachbar, der Franz, sein. Er wohnt gleich nebenan in unserem früheren Gartenhäuschen.«

Die Frau des Hauses strahlte. »Vor über einem Jahr kam er in die Gegend und mietete die Hütte. Mit ihm ist dort das Glück eingezogen. Sie können sich gar nicht vorstellen, wie viel hier gelacht wird! Er hat uns alle schnell angesteckt.«

Leopold war jetzt total aufgeregt. »Ich werde ihn gleich besuchen. Sie dürfen sich für Ihren Nachbarn freuen. Er wird bald ein reicher Mann sein. Ich will nämlich mit ihm tauschen.«

Da lachte die ganze Familie. »Ach, Sie sind das! Er hat uns einmal gesagt, dass er für keinen Preis der Welt sein altes Leben wiederhaben will.«

Leopold erstarrte. Auf den Gedanken, dass der Fremde einen Rücktausch ablehnte, war er noch gar nicht gekommen. Er spürte, wie ihm schwindelig wurde. Er lehnte sich an die Hauswand. So wollte er nicht mehr leben, so nicht!

»Kommen Sie herein zu uns«, sagte der Herr des Hauses. »Ruhen Sie sich einen Moment aus.«

So kam es, dass Leopold sich auf das Sofa einer fremden Familie legte, wo er sofort einschlief. Er hatte einen wunderschönen Traum. Er spielte mit seinen Kindern im Garten und war glücklich wie lange nicht mehr. Als er mit den Kindern zurück ins Haus lief, kam ihm lachend seine Frau entgegen. Er blickte in den Spiegel und sah ein strahlendes Gesicht.

Plötzlich rief jemand laut seinen Namen. »Leopold, wach auf!« Er drehte sich zur Seite. Den schönen Traum wollte er jetzt auf keinen Fall verlassen. Noch einmal rief jemand: »Leopold, aufwachen!«

Benommen öffnete er die Augen. Er staunte. Da stand seine Frau neben dem Bett. »Leopold, steh auf, sonst kannst du heute Nacht nicht schlafen! Und dann erzähl mir doch endlich, wie es auf dem Klassentreffen war.«

45. Heute im Plus

Jeder Tag hat Plus und Minus, Freude und Probleme, Licht und Dunkel. Das gilt auch für diesen Tag, der gerade vor mir liegt. Ich habe mich entschieden, dass ich mich auf das *Plus* konzentriere. Mal sehen, was mich heute alles erwartet:

Am Anfang steht ein erfrischendes Duschbad.

Danach gibt es ein leckeres Körnerbrötchen und eine heiße Tasse Kaffee.

Am Vormittag kommt eine liebe Freundin zu Besuch.

Später unternehme ich einen Spaziergang zum Supermarkt und genieße die große Auswahl an frischem Gemüse.

Außerdem gebe ich endlich die Unterlagen für das Finanzamt ab.

Zwischendurch schenke ich mir immer wieder einmal einen Augenblick der Stille.

Heute erwarte ich den lange angekündigten Anruf.

Ich freue mich auf meine neuen *Bleib fit*-Übungen.

Als krönender Abschluss erwartet mich ein romantischer Abend.

Wie gut, dass ich mich schon am Anfang des Tages für *Plus* entschieden habe!

46. Außer Konkurrenz

Lachen macht sympathisch. Lachen weckt Vertrauen. Lachen macht erfolgreich. Lernen Sie, wie Sie Ihr schönstes Lachen selbst gestalten können.

Ashley las die Werbung immer wieder. Sie fühlte sich total angesprochen. Vielleicht sollte sie wirklich etwas für ihr Lachen und ihre Ausstrahlung tun?

Lernen Sie die verschiedenen Arten des Lachens kennen. Das selbstbewusste, das lockere und das ausgelassenen Lachen waren nur drei von vielen Möglichkeiten.

So buchte sie den Kurs *Lachen für Anfänger und Fortgeschrittene* zum Sonderpreis.

In den nächsten Wochen lernte Ashley die schöne neue Welt des Lachens kennen. Sie lernte, mit einem ansteckenden Lachen jede langweilige Sitzung zum Leben zu erwecken. Sie lernte, durch ihr strahlendes Lachen im Mittelpunkt jeder Party zu stehen. Sie lernte, ihr Lachen geschickt zu steigern und im richtigen Augenblick zurückzunehmen.

Dann kam der Abschlusstag, zu dem Gäste mitgebracht werden durften. Als Höhepunkt des Tages sollte das schönste Lachen prämiert werden.

Ashley brachte ihre Freundin Joleen mit, eine fröhliche, natürliche junge Frau. Joleen hatte sich manchmal ein wenig lustig gemacht über die anstrengenden Übungen vor dem Spiegel.

Die Jurymitglieder schlenderten durch den Saal, hörten hierhin und sahen dorthin. Schließlich hatten sie sich geeinigt. Über den Lautsprecher kam die Durchsage: »Wir haben unsere Entscheidung getroffen. Die junge Frau in dem kornblumenblauen Kleid am zweiten Tisch hat gewonnen.«

Joleen hatte gehofft, ihre Freundin würde gewinnen. Wie schade! Sie sah sich im Saal um. Plötzlich hielt sie lachend die Hand vor den Mund. Das einzige kornblumenblaue Kleid trug sie selbst.

47. Der Rhythmus des Lebens

Seit Urzeiten ist der Rhythmus des Lebens stets der gleiche: Frühling, Sommer, Herbst und Winter wechseln sich ab, ebenso Tag und Nacht, Ebbe und Flut.

Ich kenne diesen Rhythmus auch in meinem Leben. Es geht auf und ab, es ist hell und dunkel, ich arbeite hart und brauche anschließend eine Zeit zum Ausruhen. Ich freue mich auf den Sommer und brauche danach eine Winterpause. Ich bin enttäuscht und fühle schon wenig später überschäumende Freude.

Das Leben hat seinen Rhythmus und ist doch jeden Tag neu. Es ist immer für eine Überraschung gut. Ich kann es nicht vorherbestimmen. Ich kann nicht alles planen. Manchmal lässt es mein Herz schneller schlagen, das Leben!

48. Bitte keine Verkleidung

Anjas Feste waren Kult. Von ihr eingeladen zu werden galt als besondere Ehre. Es wurde stets intensiv diskutiert, viel erzählt und natürlich gut gegessen und getrunken. Meistens stand der Abend unter einem bestimmten Motto, zum Beispiel *Seefahrt* oder *Märchen* oder *Die gute alte Zeit.* Die meisten Gäste kamen dann in zünftiger Verkleidung.

Im vergangenen Jahr stand in der Einladung: »Bitte keine Verkleidung. Dieses Mal gilt folgende Regel: Niemand sagt etwas Negatives. Niemand klagt über das Wetter oder über die Politik. Wir sagen alle nur Positives.«

Die Neugier war geweckt. Als alle Gäste eingetroffen waren, fasste Anja die Regeln noch einmal zusammen. In der Mitte des Raumes stand eine Handglocke mit einem Holzstiel. Anja erhob sie und läutete damit. Der Klang war bis in die letzte Ecke zu hören. »Wer heute Abend eine Klage hört, läute bitte sofort mit der Glocke. Das gilt natürlich auch, wenn jemand etwas am Essen auszusetzen hat.« Sie lachte laut und eröffnete damit den Abend.

Schon nach knapp zwei Minuten läutete die Glocke zum ersten Mal. Jemand hatte darauf hingewiesen,

dass der Fußweg vor dem Haus total vollgeparkt sei. Etwas später wurde die Schlange, die sich vor der Toilette gebildet hatte, erwähnt, was sofort durch ein helles Läuten geahndet wurde.

Immer wieder wurden die lebhaften Gespräche durch den Klang der Glocke unterbrochen. Die Klage über die unbequemen Schuhe wurde ebenso unüberhörbar moniert wie der sarkastische Bericht einer Mutter über den Elternabend in der Schule.

Nach einiger Zeit war die Glocke immer seltener zu hören, bis sie ganz verstummte. Dafür wurde die Stimmung auf dem Fest immer ausgelassener. Es war ein großes Spiel, das allen Spaß machte – auch ohne Verkleidung.

Beim Abschied läutete Anja noch einmal. »Kommt gut nach Hause. Und wer sich die Zauberglocke ausleihen will, kann sie gleich mitnehmen.«

49. Die neue Ernte ist da

Es geschah vor langer, langer Zeit, als die Menschen sich noch über die kleinen Dinge freuen konnten. Jedes Jahr kamen die Händler und Feinschmecker von weit her zum Hof von Klara und Ferdinand, um einige ihrer köstlichen Birnen zu kaufen. Die beiden wurden in der Region auch scherzhaft die *Birnenkönige* genannte. Schon Klaras Eltern waren berühmt für die süßen Früchte aus ihrem Obstgarten.

Die Nachfrage war auch in diesem Jahr so groß, dass die Birnen viel zu schnell ausverkauft waren. Klara sagte zu ihrem Mann, als er die letzten Kisten aus der Scheune holte: »Vergiss nicht, mir einen Korb voll zu reservieren!«

Er lächelte. »Ich weiß, ich weiß. Ein Korb Birnen wie jedes Jahr. Das ist doch schon Tradition.«

Am nächsten Tag zog Klara mit einem großen Korb Birnen ins Dorf. Sie wusste genau, wo man sie erwartete – wie jedes Jahr. Zuerst ging sie zur Witwe des Schuhmachers, die jetzt mit ihren vier Kindern allein in ihrer Hütte lebte. »Da bin ich wieder, die Birnen sind reif«, rief sie der Familie zu. Einzeln nahm sie fünf herrliche Früchte aus dem Korb und legte sie nebeneinander auf den Küchentisch. »Für jeden eine!«

Die Frau stand glücklich daneben. »Danke, dass du wieder an uns gedacht hast. Das wird ein Fest!«

Anschließend besuchte Klara das Ehepaar Müller. »Dieses Jahr sind sie besonders süß und saftig geworden.« Die beiden freuten sich über den Besuch und das Geschenk wie Kinder am Weihnachtstag.

Inzwischen war der Korb schon nicht mehr so schwer wie am Anfang. Klara zog weiter ins Waisenhaus, in dem sechs Kinder und zwei Betreuerinnen lebten, und danach zu einer guten Freundin, die ihr gleich einen leckeren Kräutertee brühte. Dann waren noch der alte Paul im ehemaligen Lehrerhaus an der Reihe und einige andere liebe Menschen.

Als Klara wieder auf ihrem Hof angekommen war, nahm Ferdinand sie in den Arm. »So, jetzt ist der Korb wieder leer.«

Sie blickte fröhlich zum Korb und dann zu ihrem Liebsten. »Der ist doch nicht leer. Er ist gefüllt mit lauter Freude.«

50. Die Suche nach der Freude

Frederik machte sich zu einem Spaziergang in die Umgebung seines kleinen Städtchens auf. Er hatte seinen Gehstock dabei und zog allein los – wie immer. Er galt als etwas griesgrämiger Einzelgänger, der nur wenig Kontakt zu anderen hatte.

»Frederik, du siehst wieder so traurig aus«, rief ihm seine Nachbarin zu, als er das Haus verließ, »vielleicht solltest du dich mal auf die Suche nach der Freude machen!«

Als Frederik am Fluss ankam, sah er mehrere lachende junge Leute. Er näherte sich ihnen vorsichtig. »Ihr seid ja richtig fröhlich. Das gefällt mir.« Er hustete verlegen. »Habt ihr einen Tipp für mich, wo ich die Freude finden kann?«

Am liebsten hätte er sich im selben Moment auf die Lippen gebissen, so peinlich war ihm die Frage. Doch ein junges Mädchen, das besonders fröhlich wirkte, sagte mit heller Stimme: »Du wirst sie schon finden, alter Mann, bestimmt. Du erkennst die Freude daran, dass sie zwei lachende Augen hat.«

Sie drehte sich kurz um die eigene Achse, dann rief sie ihm nach: »Viel Erfolg bei der Suche!«

Als er weitergegangen war, fiel sein Blick auf einen jungen Mann, der auf einer Bank saß und in einem Buch las. Immer wieder lachte er kurz auf, dann las er weiter.

Frederik fragte, ob er sich setzen dürfe. Der junge Mann nickte freundlich: »Das müssen Sie sich anhören …« Er las einige Passagen vor und lachte immer wieder. Frederik lachte mit und dachte: *Was für ein fröhlicher junger Mann!* Er sah ihm in die Augen und staunte: Es waren zwei lachende Augen.

Beschwingt ging Frederik weiter und sang heiter vor sich hin. *Es gibt mehr Freude, als ich dachte,* sagte er zu sich.

Dann sah er eine ältere Dame, die sich wie ein junges Mädchen ins Gras gesetzt hatte. Sie sah ihn herausfordernd an: »Junger Mann, Sie sehen so fröhlich aus. Wollen Sie sich zu mir setzen?«

Frederik konnte gar nicht anders, auch wenn seine Gelenke beim Hinsetzen etwas knirschten. Er sah sie an und wusste, dass er hier richtig war. Die Freude lachte übermütig aus ihren Augen.

Es dauerte nicht lange, da gesellten sich etliche Spaziergänger zu ihnen. Es war ein buntes Bild – lauter verschiedene Menschen, junge und alte, saßen im Gras, erzählten und lachten.

»Na, hast du die Freude gefunden?«, fragte die Nachbarin, als Frederik spät am Abend müde nach Hause kam.

Er zuckte mit den Schultern. »Ich weiß noch nicht genau, aber es war schön, sehr schön sogar!«

Zurück in seiner Wohnung freute er sich auf einen erfrischenden Schlaf. Als er noch einmal kurz in den Spiegel sah, staunte er nicht schlecht. Zwei lachende Augen sahen ihn fröhlich an.

51. Worüber Gott sich freut

Manchmal frage ich mich, was Gott wohl von mir *erwartet*! Will er, dass ich fester und intensiver glaube und vertraue? Will er, dass ich mehr und häufiger von Gott und meinem Glauben rede? Oder will er, dass ich häufiger schweige und meditiere? Will er, dass ich bescheidener bin und mich mit dem Platz ganz hinten zufriedengebe? Will er, dass ich mich mehr für meine Mitmenschen engagiere? Will er, dass ich versuche, die Welt zu retten?

Vielleicht freut er sich ja über mein Vertrauen, auch wenn es noch klein ist. Vielleicht freut er sich über meinen Glauben, auch wenn der sehr wechselhaft ist. Vielleicht freut er sich, wenn ich mehr rede oder häufiger schweige. Vielleicht freut er sich über mein Engagement für eine bessere Welt. Vielleicht.

Nur von einer Sache bin ich fest überzeugt: Gott freut sich, wenn ich lebendig bin. Er freut sich, wenn ich fröhlich tanze und laut lache. Und ich bin sicher, er macht mit.

52. Die alte Fischerhütte

Matthias und Nina saßen gemeinsam am Frühstückstisch. Sie genossen es, heute beide freizuhaben. Draußen war es schon lange hell. Die Wolken schienen zu leuchten. Es lag Frühling in der Luft.

Matthias begann zu erzählen. »Gestern hat mich Oliver angerufen. Ein langjähriger Freund, er geht auf die fünfzig zu. Stell dir vor, er hat sich eine alte Fischerhütte am See gekauft. Verrückt, findest du nicht auch?«

Nina schmunzelte. »Hört sich spannend an. Was wollte er denn von dir?«

Matthias stand auf und stellte sich ans Fenster. Die Wolken hatten sich verzogen, die Sonne schien. »Ob ich Lust habe, im Mai ein paar Tage mit in die Hütte zu kommen. Aber wie er mir den Zustand und vor allem das Dach beschrieben hat, geht es nicht nur um Angeln und Freizeit, sondern vor allem um Arbeit.«

»Und?«, fragte Nina neugierig. »Hast du Lust? Etwas körperliche Arbeit würde dir bestimmt guttun!«

Er sah sie entgeistert an. »Wenn ich schon mal freihabe, dann will ich mich ausruhen und das Leben genießen. Ein kleines Hotel mit Wellness und guter Küche wäre eher mein Fall.«

Sie versuchte es noch einmal: »Hast du Lust, Oliver wiederzutreffen? Ihr habt doch früher gern etwas zusammen unternommen.«

Matthias schaute wie abwesend aus dem Fenster. »Es wird ein schöner Tag heute. Nur noch Sonne!« Er drehte sich zu ihr. »Es war eigentlich immer spannend mit Oliver. Er ist super geschickt. Egal ob Feuer machen ohne Streichholz, Bäume fällen oder Fenster einsetzen, er kann alles. Da könnte ich noch einiges lernen.«

Wieder schmunzelte sie. »Hast du Lust, einen kleinen Spaziergang zu machen?«

Er war sofort einverstanden. »Es riecht nach Frühling. Da kann ich nicht länger in der Wohnung sitzen.«

Augenblicke später gingen sie Arm in Arm die Straße hinunter. »Weißt du, ob ich meinen alten Schlafsack noch habe?«

Ihr Schmunzeln wurde zu einem breiten Grinsen. »O ja, der liegt noch im Keller. Willst du in deinem Alter noch …?«

Er ging einen Schritt schneller. »Alter? Das ist ja wohl gelacht!« Er sprang zweimal hoch in die Luft. »Du findest mich bestimmt verrückt – aber ich habe mich entschlossen! Im Mai geht's in die Fischerhütte!«

53. Kostbare Augenblicke

Wenn ich an dich denke,
dann sehe ich,
wie wir tiefe Gespräche führen.

Wenn ich an dich denke,
dann sehe ich,
wie wir lange Spaziergänge machen
und über alles reden können,
was uns bewegt.

Wenn ich an dich denke,
dann sehe ich,
dass ich bei dir willkommen bin
und du mir alle Zeit der Welt schenkst.

Ich freue mich auf jede Stunde mit dir.
Ich freue mich auf tiefe Gespräche
und lange Spaziergänge.
Aber am meisten freue ich mich
auf die kostbaren Augenblicke,
wenn wir uns anstrahlen,
miteinander lachen
und alles vergessen,
was eben noch wichtig war.

54. Unglaublich, aber wahr!

Stell dir vor, heute Morgen bin ich tatsächlich wieder aufgewacht. Was für eine Überraschung! Es ist schön, wenn der Tag so beginnt!

In der bunten Vorratsdose war tatsächlich Kaffee. Aus dem Wasserhahn floss Wasser, ist das nicht fantastisch? Ich habe den Kaffee aufgebrüht, und plötzlich roch es wunderbar in der ganzen Wohnung.

Das habe ich vergessen: Ich habe Strom, der funktioniert, und ich wohne in einer schönen Wohnung. Unglaublich, aber wahr!

Heute fuhren die Busse. So musste ich nicht den langen Weg zu meiner Arbeitsstelle zu Fuß gehen. Dort angekommen, stellte ich erfreut fest: Die Firma besteht immer noch und mein Arbeitsplatz sah aus, als würde er auf mich warten.

Meine Kollegin lächelte mir freundlich zu, als ich eintraf. Ist es nicht wunderbar, dass Menschen lächeln können?

Am Abend wurde ich von guten Freunden zum Essen in ein Restaurant eingeladen. Es berührt mich sehr, dass andere Menschen für uns gekocht haben. Es hat ausgezeichnet geschmeckt. Meinen Freunden auch. Ist es nicht toll, dass es Freunde gibt?

Den Weg nach Hause bin ich zu Fuß gegangen. Ich war so froh, dass ich zwei Beine und zwei Füße habe. Ich finde, das ist ein großes Wunder. Mir geht es wirklich ausgezeichnet.

Es war schon dunkel. Die Straßenlampen leuchteten. Das war äußerst hilfreich. Ich habe mich so gefreut, dass es Straßenlampen gibt.

Zu Hause habe ich noch ein paar Seiten in einem spannenden Buch gelesen. Das ist so genial! Ich kann lesen und jemand hat aufregende Geschichten geschrieben.

Langsam wurde ich müde. Jetzt würde ich mich über ein bequemes Bett freuen, dachte ich. Und tatsächlich, in meinem Schlafzimmer gibt es ein Bett.

Ich schlafe gern. Gleich mache ich die Augen zu. Vielleicht wache ich ja morgen wieder auf. Mal sehen!

55. Ich weiß, was ich will!

So weit Patricia zurückdenken konnte, gab es immer Menschen, die ihr das Leben erklärten und sagten, was sie zu tun und zu lassen habe. Sie hörte sich alles an – und machte ihr eigenes Ding. Sie lachte lieber, als ernst dreinzublicken, und sie tanzte lieber, als unbeweglich an einem Tisch zu sitzen.

Ihr Vater, der in einem Orchester Geige spielte, versuchte regelmäßig, ihr zu erklären, was *gute* Musik ist. »Du solltest viel mehr anspruchsvolle Werke hören, die mehr in die Tiefe gehen.« Doch Patricia lachte und tanzte ausgelassen zu ihrer eigenen Melodie.

»Du solltest mehr auf dein Äußeres achten!«, sagte die besorgte Freundin. »Informiere dich über die aktuelle Mode. Dann kommst du besser an!« Doch Patricia kleidete sich weiter so farbenfroh und ungewöhnlich, wie es ihr gefiel.

»Du solltest glauben, was in den alten Schriften steht«, sagte der fromme Nachbar, »und ein anständiges, ordentliches Leben führen.« Doch Patricia hatte ihren eigenen Glauben.

Eines Tages besuchte Patricia eine alte Nachbarin, mit der sie oft und gern über alles redete. Die fragte besorgt: »Wie hältst du das nur aus, dass die meisten Menschen dich nicht akzeptieren, wie du bist?«

Patricia lachte und begann zu tanzen. »Ich kann gut damit leben. Ich weiß genau, was ich will.«

Die Nachbarin überlegte kurz, dann erhob sie sich vorsichtig aus ihrem Sessel. »Heute ist niemand von meiner Familie im Haus. Da habe ich gedacht, ob ich nicht einfach versuche, so wie du zu lachen und zu tanzen.«

Patricia lachte noch lauter und tanzte noch wilder. »Du bist zwar alt, aber immer noch ganz schön verrückt!«

56. Freude hoch zwei

Freude will geteilt werden.
Freude will, dass andere einstimmen
in den Jubel.
Freude will zärtlich flüstern:
Ist das nicht wunderschön?
oder laut ausrufen:
Wir haben es geschafft!
Freude will fröhlich einladen
oder übermütig zum Himmel fliegen.

Freude greift zum Telefon
und überwindet Grenzen.
Freude schreibt einen Brief
mit lauter bunten Aufklebern
oder einer beschwingten Schrift.
Freude ist die schönste Einladung
zum Mitfeiern und Mitlachen.

Oder, wie der Schriftsteller und Philosoph Gotthold
Ephraim Lessing schon im 18. Jahrhundert sagte:
Freu dich mit mir! Es ist so traurig, sich allein zu
freuen.

57. Vorfreude

Hast du gehört, dass vor ein paar Wochen im Wildpark Wölfe geboren sind?« Die Mutter sah Lisa fröhlich an und zwinkerte ihr zu. Natürlich wusste Lisa das schon. »Stell dir vor, morgen fahren wir mit Papa hin und besuchen sie! Was ist, freust du dich?«

Was für eine Frage! Natürlich war die Freude groß. Lisa wusste gar nicht, wohin damit. »Mama, ich freue mich so doll! Ich freue mich auf die Ziegen und die kleinen Wölfe, auf die Rehe und auf … auf …!« Sie tanzte durch die Wohnung, so sehr freute sie sich. Schon lange hatte sie gebettelt, jetzt war es endlich so weit!

Am nächsten Morgen beim Frühstück war Lisa immer noch so aufgeregt wie gestern. Sie versuchte sogar, extra schnell zu essen, damit es bald losgehen konnte. Doch dann kam die Enttäuschung. »Unser Auto ist kaputt«, sagte der Vater, »wir können heute den Ausflug leider nicht machen.«

Lisa wäre fast der Bissen im Hals stecken geblieben. Zuerst bekam sie kein Wort heraus. Sie versuchte, nicht zu weinen. »Schade!«, sagte Lisa traurig. »Ich hatte mich so gefreut. Was mache ich jetzt den ganzen Tag?«

Die Mutter versuchte sie zu trösten. »Aufgeschoben ist nicht aufgehoben, das weißt du doch. Nachher holt Oma dich ab und ihr macht euch einen schönen Tag!«

Eine Stunde später stand Oma vor der Tür. »So, Lisa, das wird unser Tag! Auf dem Weg zu mir laufen wir erst einmal an der Eisdiele vorbei, einverstanden?«

Lisa wählte Erdbeer und Vanille. Sie strahlte. Als sie die Waffel in der Hand hielt und erst nur die Vanille leckte, fragte Oma: »Erzähl mal, was hast du gestern gemacht?«

Lisa blickte vom Eis auf und strahlte noch mehr als eben schon. »Oma, stell dir vor, gestern habe ich mich den ganzen Tag lang gefreut!«

58. Glückssucher

Sie war unterwegs zu einem langen Spaziergang
etwas oberhalb des kleinen Dorfes.
Ich möchte so gern glücklich sein,
dachte sie voller Sehnsucht.
Da hörte sie ein Rauschen und Singen
aus den Büschen und Bäumen:
Das Glück findest du im Wald.

Später ging sie etwas müde am Fluss entlang.
Immer noch wurde sie beherrscht
von der Frage nach dem Glück.
Fast lautlos flüsterte sie:
Wo finde ich das Glück?
Da hörte sie aus dem Wasser
ein Rauschen und Murmeln:
Das Glück findest du im Fluss.

Schließlich war sie zurück in der großen Stadt
mit all ihrem Verkehr und Lärm.
Das Glück finde ich im Wald,
rief sie übermütig, als sie die Straße überquerte.
Das Glück ist im Fluss,
jubelte sie vor dem Supermarkt.

Da hörte sie ein Rauschen,
ein Rattern und Dröhnen:
Das Glück findest du in der Stadt.

Inzwischen war es Abend geworden.
Durchs Fenster ihrer Wohnung beobachtete sie,
wie die Nacht den Tag verabschiedete.
Viel Glück heute Nacht,
sagte der Tag.
Die Nacht zeigte nach oben:
Siehst du die Sterne?
Dann lagen sie sich in den Armen,
bis es völlig dunkel war.
Drei Sterne für dich,
sagte die Nacht,
bevor sie allein zurückblieb.

59. Die Schramme

Ich hatte meinen Wagen ins Parkhaus im Stadtzentrum gefahren, um schnell ein paar Einkäufe zu erledigen. Nach einer guten Stunde kam ich schwer bepackt zurück und freute mich auf ein schönes Mittagessen zu Hause. Da entdeckte ich eine hässliche, tiefe Schramme an der Beifahrerseite. Die war vorhin noch nicht da!

Ich hätte mich jetzt ärgern können. Ich hätte mich aufregen können über die fehlende Überwachungskamera. Ich hätte die Polizei rufen können. Ich hätte heulen können. All das habe ich nicht getan.

Zum Glück konnte ich die Sache mit Humor nehmen. Mir fiel das Versprechen ein, das ich vor längerer Zeit abgelegt hatte: Ich will das Leben genießen und glücklich sein. Ich will Freude und Leichtigkeit.

Die Schramme ist immer noch an meinem Wagen. Sie erinnert mich an mein Versprechen.

60. Lasst uns ein Fest feiern!

I ch möchte so gern mal wieder ein Fest feiern«, verriet die Freude ihrer Freundin, der Liebe.

Die Liebe lächelte verständnisvoll und klatschte in die Hände. »Was für eine schöne Idee! Wir wissen doch alle, wie gern du feierst.«

»Was meinst du, wen ich dazu einladen sollte? Ich hatte an den Humor gedacht.«

Die Liebe nickte gleich mehrmals. »Der Humor gehört auf jeden Fall dazu. Ich könnte mir ein Fest ohne ihn gar nicht vorstellen.«

Die Freude rief aus: »Ja, ja, der Humor, ich liebe den Humor.« Danach lachte sie so fröhlich und einladend, dass die Liebe laut mitlachen musste.

»Mir fällt auf, dass du häufig Arm in Arm mit dem Mut unterwegs bist«, rief die Liebe ihrer lustigen Freundin zu. »Je verrückter das Fest wird, umso mehr brauchst du ihn dabei. Ich finde sowieso, dass ihr gut zusammenpasst.«

Die Freude stand jetzt mitten im Raum. »Er fordert mich so gern heraus. *Trau dich einfach*, sagt er mir oft. Dann kommt meistens noch das Vertrauen hinzu, und ich traue mich wirklich. Das Vertrauen kommt mit auf die Liste.«

Die Liebe strahlte. »Ich freue mich schon auf das Fest. Aber ich glaube, du solltest noch ein paar weitere Gäste einladen.« Dabei schaute sie die Freude ernst und liebevoll an.

Die Freude saß wieder auf ihrem Platz. Sie blickte betreten zu Boden. »Meinst du vielleicht die«, sie schluckte, »die Trauer? Passt die auf so eine Feier? Die hat doch gar keinen Humor!«

Die Liebe schmunzelte. »Ich habe den Eindruck, dass ihr beiden euch aus dem Weg geht. *Die oder ich*, hast du einmal gesagt. Dabei würde es dir gar nicht so gut gehen, wenn es die Trauer nicht gäbe. Irgendwie bereitet sie dir doch den Weg …«

Die Freude nickte. »Ein wenig Freude, so ab und zu, würde ihr bestimmt guttun. Also lade ich sie auch ein.« Sie blickte zur Liebe, die immer noch ernst und liebevoll dreinschaute.

Die Freude wandte sich kurz ab. »Du meinst nicht etwa, die beiden anderen auch?«

Die Liebe sagte nichts.

»Also gut, also gut, wenn du unbedingt meinst! Dann lade ich die Angst und die Wut auch ein. Ich kann schließlich nicht vor ihnen weglaufen.«

Ein paar Tage später stand die Freude am Eingang zum Festsaal und begrüßte ihre Gäste. Die Liebe hatte ihr geholfen, alles vorzubereiten, die Stühle zu stellen und das Buffet aufzubauen.

Zuerst kam der Humor. »Herzlich willkommen, lieber Humor! Mit dir wird unser Fest noch viel bunter.«

Als Nächstes kam die Angst. Die Freude ging kurz einen Schritt zurück, trat dann wieder vor – und nahm die Angst vorsichtig in den Arm. »Ich freue mich, dass du da bist. Ich hoffe, es wird dir gefallen.«

Die Angst zuckte kurz zusammen, aber sie freute sich deutlich sichtbar über die warmherzige Begrüßung.

»Hier kommen gerade der Mut und das Vertrauen. Ich nehme an, du kennst sie beide.«

Dann kam die Trauer. »Liebe Trauer, du brauchst auch mal etwas Abwechslung. Vielleicht gefällt es dir heute. Wenn die Musik dir zu laut wird, sag einfach Bescheid.«

Etwas später als die anderen kam die Wut. »Willkommen, liebe Wut, ein Platz ist noch frei, extra für dich!« Die Freude brachte sie zu ihrem Stuhl.

»Hier sitze ich nicht! Ich will einen Fensterplatz! Sonst kann ich gleich wieder gehen!«

Sofort kam der Humor herbeigesprungen. »Hallo, Wut, wie geht es dir? Du hast ja ordentlich Power. Ich mag meinen Fensterplatz nicht, lass uns tauschen.«

Endlich konnte das Fest beginnen. Die Freude trat in die Mitte. »Noch einmal ein herzliches Willkommen an meine Weggefährten! Ein Leben ohne euch kann

ich mir nicht vorstellen. Ihr gehört alle dazu! Ich hoffe, für jeden ist heute etwas dabei – das Buffet ist lecker und die Musik ist, äh, flexibel. Ganz besonders begrüße ich die Angst, die Wut und die Trauer. Die Angst sorgt dafür, dass ich nicht übermütig werde. Die Wut hilft mir, mich zu verteidigen, wenn mir Unrecht geschieht. Ja, Humor, du winkst – du hilfst mir auch. Und dann ist da die Trauer, die die wichtige Arbeit verrichtet, die mir völlig fremd ist. Jetzt bitte ich, dass ihr die Gläser erhebt. Das Fest kann beginnen!«

61. Endlich blüht wieder das Leben

Endlich nach so langer Zeit kann ich dich wieder in die Arme schließen.

Nach mehreren Regentagen ziehen sich die Wolken zurück und die Sonne kann wieder scheinen.

Nach dem Unfall vor vier Monaten kannst du endlich ohne fremde Hilfe durch den Park gehen.

Endlich blicke ich mal wieder zum Himmel und sage leise Danke.

Der Winter war lang und kalt. Jetzt blühen bei uns im Garten die ersten Schneeglöckchen.

Es ist so schön, dass du wieder lachen kannst.

Zum ersten Mal seit unserem Umzug können wir wieder die alte Heimat besuchen.

Nach langem Streit können wir uns die Hände geben und miteinander reden.

Die Arbeit kann warten. Endlich gehe ich mal wieder an den Fluss und schenke mir eine Pause.

Zum ersten Mal seit Wochen fühle ich mich so richtig lebendig.

62. Überraschende Begegnungen

Wie sehr hatte ich mich auf den Urlaub in der Provence in Südfrankreich gefreut! Es war die Sonne des Südens, die mich schon früh im Jahr hierhergelockt hatte.

Gleich am zweiten Tag fuhr ich entspannt an den blühenden Mandelbäumen vorbei und fühlte mich wie *Gott in Frankreich*. Ich blühte spürbar auf. So hatte ich mir meinen Urlaub vorgestellt. Plötzlich stotterte der Motor meines Wagens. »Nein, bitte nicht!«, entfuhr es mir. Ich atmete tief durch.

Augenblicke später stand ich am Straßenrand, lief um das Auto herum und fragte mich, was ich tun könnte. Ein Stück weiter stand ein schmuckes Häuschen. Ich zögerte kurz, dann ging ich hinüber und klingelte. Ob jemand zu Hause war? Ich schwitzte. Da hörte ich Schritte. Ein älteres Ehepaar öffnete. Ich zeigte auf mein Auto, das hilflos drüben an der Straße stand. Sie baten mich herein und halfen mir, die Telefonnummer einer Autowerkstatt zu finden. Aufgeregt rief ich dort an. Eine halbe Stunde später stand ein Abschleppwagen vor der Tür.

Tage später fuhr ich noch einmal zu meinen freundlichen Helfern, um mich zu bedanken. Mit einem

Blumenstrauß stand ich vor der Tür und wurde gleich mit großem Hallo hereingebeten. Aus dem Besuch wurde ein ganzer Nachmittag. Wir tranken gemeinsam Kaffee, sie erzählten von ihrem Leben im Süden und ich bekam einen guten Einblick in die Mentalität der Menschen hier. Noch Jahre später schaute ich bei meinen Besuchen in Frankreich gern bei ihnen vorbei. Jedes Mal kam es mir vor, als würde ich in der Fremde nach Hause kommen.

In Süddeutschland entdeckte ich bei einer romantischen Wanderung ein wunderschönes altes Haus mit einem herrlichen Blumengarten davor. Es sah fast aus wie ein kleines Schloss aus einem Märchenfilm. Mein Herz schlug schneller. »Ist das schön!« Fasziniert holte ich meine Kamera heraus und machte begeistert ein paar Fotos.

Plötzlich stand eine sportlich gekleidete Frau in der Tür. Sie sah mich kurz an, dann lächelte sie freundlich. »Gefällt Ihnen unser Haus?« Als ich bejahte, wurde ich eingeladen, mir das *Märchenschloss* auch von innen anzusehen. Gern denke ich an diese individuelle Führung zurück.

In einer großen Kunstgalerie schaute ich mir die Sonderausstellung eines Künstlers an, der in *eingeweihten* Kreisen als Geheimtipp galt. Lange blieb ich vor einem Bild stehen. Die Farben und Formen begeisterten

mich. Ein bärtiger junger Mann mit dunklem, lockigem Haar kam vorbei. Er war ganz in Schwarz gekleidet. Abrupt blieb er stehen und fragte mich, was mich an diesem Bild so sehr fesselte. Schnell kamen wir ins Gespräch über moderne Kunst. Als wir uns verabschiedeten, erfuhr ich, dass er der Künstler war, der dieses Bild gemalt hat.

Dankbar denke ich zurück an den Motorradfahrer, der mir seine ungewöhnliche Maschine erklärte. Und an den Kirchenmusiker, der extra für unsere Familie unseren Lieblingschoral auf der Orgel spielte. Ich denke an den Schafhirten, der jedes seiner Schafe kannte und mir ausführlich seine Lebensphilosophie erklärte.

Sie alle haben mein Leben bereichert. Ich freue mich auf die nächsten spannenden Begegnungen.

63. Erstaunliche Fröhlichkeit

In einem alten Spruch aus dem Mittelalter von einem unbekannten Verfasser heißt es:
Ich leb und waiß nit wie lang,
ich stirb und waiß nit wann,
ich far und waiß nit wahin,
mich wundert das ich so frölich bin.

Ich sehe dies als Einladung, die *erstaunliche Fröhlichkeit* in unsere Zeit zu holen:

Ich sitze bei mir im Zimmer.
Draußen regnet es in Strömen.
Heute wird niemand mehr kommen.
Mich wundert, dass ich so fröhlich bin.

Es war eine anstrengende Wanderung.
Mein Ziel habe ich nicht erreicht.
Jetzt sitze ich müde auf einer Bank.
Mich wundert, dass ich so fröhlich bin.

Ich kenne mich hier nicht aus.
Die Sprache verstehe ich nicht.
Voller Sehnsucht blicke ich mich um.
Mich wundert, dass ich so fröhlich bin.

64. Die richtige Medizin

Anna lag seit einer Woche im Krankenhaus. Die Untersuchungen waren gut ausgegangen. Trotzdem freute sie sich nicht auf die Entlassung am nächsten Tag. Sie fühlte sich noch sehr niedergeschlagen. Das Buch lag ungelesen neben dem Bett. Sie hielt die Augen geschlossen und ließ ihre Gedanken wandern.

Plötzlich ging sie mit den Kindern durch die Straße. Das jüngste lachte die ganze Zeit. Sein Lachen war wunderbar ansteckend. Die Leute blieben stehen und freuten sich. Ein Fenster ging auf, jemand winkte fröhlich herunter.

Anna öffnete kurz die Augen und lächelte.

Schnell gab sie sich wieder ihrem inneren Bilderschatz hin. Pit von nebenan probierte auf dem Innenhof das Skateboard seines halbwüchsigen Sohnes aus. Viele Nachbarn schauten zu. Pit versuchte, sehr professionell zu wirken. Bei einer gewagten Showeinlage verlor er plötzlich das Gleichgewicht und fiel um wie ein Sack Kartoffeln. Der Erste, der laut lachte, war Pit. Statt Schadenfreude gab es dann Szenenapplaus von den Zuschauern.

Anna lächelte und träumte weiter. Sie besuchte ihre alte Tante Luise. Einen Tag vorher waren Annas Kinder dort zu Besuch gewesen und hatten ein rot angemaltes Papierherz mitgebracht. Anna sah das Herz, das jetzt am Fenster klebte und fragte unschuldig: »Na, hattest du Besuch?« Da zeigte Luise lachend zum Fenster.

Anna öffnete wieder die Augen. In dem Augenblick kam die Krankenschwester ins Zimmer. »Oh, sie strahlen ja richtig. Ihnen scheint es schon viel besser zu gehen. Das liegt bestimmt an den neuen Medikamenten.«

Anna nickte und schmunzelte dabei. »Ich glaube, die richtige Medizin kann Wunder bewirken.«

65. Drei Generationen

Tores Augen strahlten, als seine beiden Lieblings-
frauen ankamen. Er hielt die Arme weit ausei-
nander. »Schön, dass ihr wieder da seid. Wie war euer
Frauennachmittag?«

Lea, die vor wenigen Tagen in die Schule gekommen war, lief ihrem Vater aufgeregt entgegen. »Papa,
Oma war sooo lustig!«

Tore wirbelte sie mehrmals in der Luft herum. »Du
hast Glück, dass du so eine junge Oma hast!« Er holte
kurz Luft und sah zur Seite. »Und so eine tolle Mama!«

Später fragte Tore seine Frau: »So, jetzt erzähl mal!
Hat es dir auch so viel Spaß gemacht wie Lea?«

Luisa grinste. »Ich war mal wieder die Sandwichgeneration. Auf der einen Seite das blühende Leben, auf
der anderen die zweite Jugend – und dazwischen ich.
Die beiden haben sich wirklich köstlich amüsiert. Sie
liefen durch den Park, machten lauter verrückte Sachen und haben ständig gelacht. Ich schlich hinterher
mit dem Rucksack. Zwischendurch habe ich mich auf
eine Bank gesetzt und ausgeruht. Das tat gut! Dann
musste ich sehen, dass ich hinterherkam. Einmal al-
berte Lea mit völlig fremden Leuten herum und zeigte
auf mich. *Da hinten kommt meine Oma*, rief sie frech.«

Tore musste lachen, hielt sich aber schnell die Hand vor den Mund. »Das hört sich irgendwie verdächtig nach deiner Mutter an, finde ich.«

Luisa musste selbst lachen, als sie sich alles noch einmal vorstellte. »Meine Mutter war richtig albern. Ich freue mich für sie. Ich kam mir dagegen sehr vernünftig vor. Aber es hat Spaß gemacht.«

Tore nahm sie liebevoll in den Arm. »Du weißt doch, Großeltern haben es leichter. Sie müssen nicht mehr erziehen, keine Rucksäcke tragen und können die Kinder abends wieder abgeben.«

Luisa nickte. »So ist es. Später machen wir es vielleicht genauso. Aber erst einmal will ich noch weitererzählen. Es ging nämlich noch zur Eisdiele unten am Fluss. Das hatte ich vorher versprochen. Lea war völlig aufgeregt und fragte meine Mutter ständig nach ihrer Lieblingssorte. Stell dir vor: Beide haben ein Kindereis *Pinocchio* bestellt, mit großer Kugel als Kopf, zwei roten Zuckeraugen und einer Waffel als Hut.«

Tore schüttelte lächelnd den Kopf. Dann sah er vorsichtig zu Luisa. »Und was hast du bestellt?«

Sie schaute ihn so böse an, wie sie konnte. »Natürlich einen Espresso. Ohne Zucker! Tut mir leid, ich kann halt nicht aus meiner Haut!«

Noch einmal nahm er sie in den Arm. »Ich finde, man kann immer noch etwas dazulernen, sogar von der eigenen Tochter oder von der Mutter. Außerdem, so schrecklich finde ich das mit der Sandwichgeneration gar nicht. Ich finde, am leckersten ist immer noch der Belag in der Mitte.«

66. Gute Laune

Du hast schlechte Laune?
Du bist ernst und verbissen
und hast das dumme Gefühl,
das wird heute nicht dein Tag?

Dann schließ die Augen,
führe den Zeigefinger an deine Nase
und stell dir vor,
du würdest sie rot anmalen.

Bewege schnell deine Füße
und stell dir vor,
du würdest verbotenerweise
über einen Zaun springen.

Forme vor deinem Bauch
deine Arme zu einem Kreis
und stell dir vor,
du hieltest einen riesigen Strauß
und würdest die Blumen
nach und nach verschenken.

Streck die Hände ganz hoch
und stell dir vor,
du würdest die Kordel
eines Fesselballons ergreifen
und in die Lüfte schweben.

Du hast jetzt gute Laune?
Dann zieh los,
du rote Nase …

67. Geburtstagsgäste

Der alte Jonathan hatte Geburtstag. »Das wird ein Spaß!«, sagte er voller Vorfreude. Sein Haus konnte er nicht mehr verlassen. Aber er wusste, dass er an diesem Tag nicht allein sein würde. Es gab einige Menschen, die ihn regelmäßig unterstützten und ihn auch heute nicht allein lassen würden.

Schon am frühen Morgen kam Johanna, die ihm oft etwas zu essen vorbeibrachte. »Ich habe Schnittchen für deine Gäste vorbereitet und einen leckeren Kuchen gebacken.«

Jonathan sah sie dankbar an. »Du bist wunderbar! Schön, dass du an meinem Geburtstag bei mir bist! Du bist so eine große Hilfe.«

Eine gute Stunde nach Johanna kam Susanne. Sie hatte wie immer ein weißes Tuch um ihre Haare gebunden. Susanne sah regelmäßig nach dem Rechten bei ihm und sorgte dafür, dass es dort immer sauber und ordentlich war. »Ich werde schon einmal das Geschirr für die Gäste auf den Tisch stellen.«

Jonathan sah sie dankbar an. »Ich freue mich, dass du heute gekommen bist. Was würde ich nur ohne dich tun?«

Kurze Zeit später kam Franz. Er war ein geschickter Handwerker und hatte gerade kürzlich Jonathans Dach repariert, damit es nicht länger hineinregnete. »Herzlichen Glückwunsch, Jonathan! Ich habe etwas Holz für den Kamin mitgebracht. Die Tage werde ja bald wieder kälter.«

Jonathan nickte ihm zu. »Schön, dass du heute die Zeit gefunden hast, bei mir zu sein! Ohne dich wäre mein Häuschen längst zusammengefallen.«

Anschließend kam Katharina. Sie pflegte regelmäßig Jonathans Garten und sorgte dafür, dass immer Obst und Gemüse in der Kammer waren. »Ich habe schnell noch die letzten Äpfel vom Baum gepflückt. Die werden lange reichen.«

Jonathan sah sie dankbar an. »Du bist so fleißig und sorgst unermüdlich für gesunde Vitamine. Ich freue mich, dass du heute hier bist.«

Die kleine Gesellschaft saß gemütlich zusammen und ließ sich den Kaffee, die Schnittchen und den Kuchen schmecken. »Ich lege noch ein paar Äpfel auf den Tisch«, sagte Katharina stolz.

Nach einiger Zeit spürten alle, dass Jonathan unruhig wurde. »Was hast du?«, fragte Johanna besorgt und rückte dezent ihr Kopftuch zurecht.

Jonathan sah sich um. »Wo bleibt denn die lustige Klara? Ist sie immer noch nicht gekommen?«

Die anderen schüttelten den Kopf. In dem Augenblick klopfte es mehrmals rhythmisch an der Tür. Die Gäste zuckten zusammen und blickten sich fragend an.

Jonathan stand lächelnd auf und ging langsam zur Tür. Dort wandte er sich noch einmal seinen Besuchern zu: »Ich verspreche euch, das wird ein Spaß!«

68. Wahre Schönheit

Als sie zum Frühstück kam, lächelte sie wie schon lange nicht mehr. Er lächelte zurück. »Du strahlst ja richtig! Das steht dir wirklich gut. Gibt es einen Grund dafür?«

Sie trank einen Schluck Kaffee. »Ich hatte heute Nacht einen wunderschönen Traum. Vielleicht liegt es daran?«, sagte sie und schenkte ihm noch ein Lächeln.

Seine Neugier war geweckt. »Das muss ja ein toller Traum gewesen sein!«

Sie setzte sich aufrecht hin und schloss kurz die Augen. »Also«, sagte sie und dehnte das Wort in die Länge, »also, zuerst war mir gar nicht wohl in meinem Traum. Ich saß allein in einem kleinen, vollgestopften Zimmer und fühlte mich einsam und wertlos. An der Wand hing ein Spiegel. Ich mochte nicht hinsehen. Draußen braute sich ein Gewitter zusammen.

Auf dem Fensterbrett stand ein kleiner Holzengel. Ich nahm ihn gedankenverloren in die Hand. Er hatte nur ein angedeutetes Gesicht und zwei große Augen.

Plötzlich kam es mir vor, als würde er mich ansehen. Leise sagte er: ›Es ist gut, dass du gekommen bist. Du bist wunderschön, weißt du das? Äußerlich – aber vor allem hast du eine innere Schönheit. Willst du sehen?‹

Ich nickte. Er nahm mich an die Hand und wir gingen durch eine kleine Tür, die ich vorher nicht bemerkt hatte. Es war dunkel und fast ein wenig unheimlich. Doch dann sah ich Licht. Einige Schritte weiter öffnete sich eine bunte Blumenwiese. Am Rand standen mehrere Obstbäume, Schmetterlinge und Vögel flogen umher. Ein herrlicher Duft von Blumen und Kräutern lag in der Luft.

›Wo sind wir hier?‹, fragte ich verwirrt und aufgeregt. Er antwortete: ›Du bist angekommen.‹

Ich verstand nicht und sah ihn fragend an. Seine großen Augen leuchteten: ›Weshalb zweifelst du an dir, wenn du dich gar nicht richtig kennst?‹

Ich atmete den herrlichen Duft ein und freute mich über das helle Licht und die vielen Farben. Dann war der Engel verschwunden und ich bin aufgewacht.«

Er sah ihr fest in die Augen. »Du strahlst ja immer noch. Der Traum steht dir gut, finde ich. Ich liebe den kleinen Engel!«

69. So lebendig

Zum ersten Mal ein Eis geleckt.
Zum ersten Mal eine Kuh gesehen.
Zum ersten Mal auf einen Tisch geklettert.
Zum ersten Mal ein Gedicht geschrieben.
Zum ersten Mal allein verreist.
Zum ersten Mal von der Liebe geträumt.

Irgendwann war es vorbei mit den ersten Malen.
Es gab nur noch Wiederholungen.
Es gab nur noch Routine.
Ich kannte alles. Ich wusste alles.

Erst später habe ich da weitergemacht,
wo ich aufgehört hatte.
Es geht wieder los.
Zum ersten Mal einen Baum gepflanzt.
Zum ersten Mal eine Kuh gemolken.
Zum ersten Mal auf dem Marktplatz gesungen.
Zum ersten Mal den Strand von Plastik gereinigt.
Zum ersten Mal Holz gehackt.
Zum ersten Mal rückwärts über die Brücke gegangen.
Zum ersten Mal in einer Scheune übernachtet.
Und jeden Tag von der Liebe geträumt.
Ich war wieder lebendig!

70. Die alte Birke

Werner und seine Frau liebten die Straße, in der sie seit vielen Jahren wohnten. Jetzt, im Ruhestand, hatten sie endlich auch die Zeit, ihr Häuschen und den Garten ausgiebig zu genießen. Die Gegend war ruhig und mit den Nachbarn verstanden sie sich gut.

Bis, ja, bis Michael mit seiner Familie nebenan einzog. Die Kinder waren laut. Das wäre noch zu ertragen gewesen, aber Michael tat vom ersten Tag an so, erzählte Werner, als wäre er hier der Chef. Schon beim Einzug gab es Probleme, weil die Einfahrt zu Werners Grundstück zugeparkt war. Werner rief sofort etwas in die Richtung des neuen Nachbarn, der rief etwas zurück. Dann lief der Hund von nebenan auf ihr Grundstück. Irgendwie war von Anfang an der Wurm drin. Beide Seiten erzählten ihre eigene Horrorgeschichte von dem *Kerl nebenan*.

Zwischen den Männern herrschte Funkstille. Sie grüßten sich nicht und ignorierten sich total. Werner fand die Straße gar nicht mehr so schön und liebenswert wie früher.

Wenn die beiden Frauen sich auf der Straße oder am Zaun trafen, lächelten sie sich freundlich zu und

versicherten sich gegenseitig, wie leid ihnen der *Hahnenkampf* tat.

Dann kamen das schwere Gewitter und der Sturm. Es war schon fast Mitternacht, als es auf der Straße krachte. Werner lief hinaus und sah, dass die alte Birke von gegenüber auf der Straße lag.

Kurze Zeit später hielten zwei Autos, denen die Weiterfahrt versperrt war. Zwei schmächtige junge Männer versuchten vergebens, den Stamm aus dem Weg zu räumen.

Inzwischen war auch Michael draußen und sah sich die Sache an. Er rieb sich die Hände und blickte fragend zu Werner. Der nickte zustimmend. Beide packten an und schafften es in ein paar Minuten, die Straße provisorisch frei zu machen. Die jungen Leute standen hilflos staunend daneben.

Augenblicke später standen zwei Männer am Gartenzaun und gaben sich die Hand. »Haben wir gut hingekriegt!«, sagte Werner stolz. »Augenblick noch, ich hole schnell einen Schnaps zur Stärkung. Übrigens, ich heiße Werner.«

71. Drei Engel

Ich wünsche dir heute
drei Engel an deiner Seite.

Der erste Engel tröstet dich,
wenn die Traurigkeit oder
der Kummer nach dir greift.

Der zweite Engel hilft dir,
gute Entscheidungen zu treffen
und dann mutig deinen Weg zu gehen.

Der dritte Engel tanzt mit dir
den wunderbaren Tanz des Lebens,
voller Freude und Lachen
und Leidenschaft.

72. Hast du heute Geburtstag?

Die beiden Freundinnen trafen sich zufällig in der Fußgängerzone, direkt vor einem Laden für festliche Mode. *Feier dich selbst!* stand auf einem Plakat im Schaufenster.

»Sag mal, Gabi, du feierst doch so gern. Kannst du dich erinnern, wann du zum letzten Mal gefeiert hast?« Ellen blickte ihre Freundin neugierig von der Seite an. »Oder ist das schon zu lange her?«

Gabi musste schmunzeln. »Das ist überhaupt nicht lange her. Gerade heute Morgen gab es bei mir zu Hause eine tolle Feier.«

Ellen trat verlegen einen Schritt zurück. »Habe ich etwa deinen Geburtstag vergessen? Das tut mir leid. Ich dachte immer, du bist im Mai geboren.«

Jetzt lachte Gabi. »Tut mir leid, wenn ich dich verwirrt habe! Mein Geburtstag ist tatsächlich im Mai. Nein, heute Morgen habe ich etwas anderes gefeiert.«

Ellens Neugier war geweckt. »Also, jetzt erzähl schon! Was ist los?«

Gabi zeigte mit der rechten Hand zur Sonne. »Siehst du? Da ist keine Wolke. Der Wetterbericht hat gestern gesagt, dass heute den ganzen Tag über die Sonne scheint. Da habe ich mir gedacht: *Die werde ich heute*

früh feierlich begrüßen. Ich habe mir also den Wecker gestellt, mich festlich angezogen und dann mit einem Glas Prosecco auf den Sonnenaufgang gewartet. Das war richtig aufregend!«

Ellen schüttelte lachend den Kopf. »Was für eine abgefahrene Idee! Hast du noch mehr solche Anlässe zum Feiern?«

Gabi nickte aufgeregt.

Sie erzählte von der ersten selbst geernteten Tomate auf ihrem Balkon. Am nächsten Tag gab es ein Tomatenfest, für das sie sich so rot anzog, wie es der Kleiderschrank hergab.

Dann schwärmte sie von ihrem jährlichen Lachabend, an dem sie nur lustige Filme anschaut. Das Festessen besteht aus gelber Brause und Hotdogs mit süßem Senf.

Gabi nahm die Freundin fröhlich in den Arm. »Ich lade dich ins Café ein. Wir müssen doch feiern, dass wir uns heute getroffen haben. Dann kann ich gerne weitererzählen.«

73. Was für ein Tag!

Gib diesem Tag die Erlaubnis,
ein besonderer Tag zu werden –
ein Tag der Freude und des Lachens,
ein Tag der Liebe und des Friedens,
ein Tag der Hoffnung und des Mutes,
ein Tag der Lebendigkeit,
ein Tag des Tanzes,
ein Tag der Leichtigkeit,
ein Tag voller Verständnis
und voller Humor.

Heute Abend wirst du schmunzelnd
an den Tag zurückdenken
und dankbar sagen:
Na, geht doch!

74. Gar nichts tun

Eine Frau um die vierzig, selbstbewusst und modern gekleidet, kam nach einem Vortrag zu mir und erzählte von ihrem *Problem*: Ständig muss sie etwas Sinnvolles tun. Ausspannen und gar nichts tun kann sie nicht.

Mit rotem Kopf und doch auch ein wenig stolz berichtete sie von einem typischen Erlebnis: Vor einiger Zeit kam sie nach einem anstrengenden Tag zurück in ihr Haus auf dem Lande. Jetzt noch einmal den warmen Septemberabend genießen, sagte sie sich. Sie ging in den Garten und steuerte auf den bequemen Gartenstuhl zu, den sie im Frühjahr gekauft und bisher noch kaum genutzt hatte. Gerade, als sie sich gemütlich hinsetzen wollte, fiel ihr Blick auf eines der Blumenbeete. Dort entdeckte sie etwas Schreckliches: Unkraut! Sie schoss hinüber – und zwei Stunden später kniete sie immer noch im Beet und holte Unkraut heraus. Da erst wurde ihr klar, was sie tat. »Dabei wollte ich doch einfach mal gar nichts tun!«

Vielleicht sollte sie an einem Kurs *Nichtstun für Anfänger* teilnehmen, wenn es denn so etwas gäbe.

Ich stelle mir die erste Übung so vor: Wir setzen uns auf eine Bank im Park inmitten von wunderschönen

Blumen. Eine der Blüten betrachten wir intensiv – was für ein Wunder der Natur! Nein, den Namen der Blume müssen wir nicht herausfinden. Wir schauen und träumen und freuen uns über die Stunde im Park.

Die zweite Übung: Wir stehen auf und gehen los. Ohne Ziel. Wir gehen einfach durch den Park. Wenn wir wollen, bleiben wir stehen. Wenn wir Lust haben, sprechen wir jemanden an. Wenn die nächste Bank lockt, setzen wir uns und atmen ein und aus, nichts anderes.

Wenn wir anschließend nach Hause kommen und gefragt werden, was wir getan haben, antworten wir vielleicht: »Nichts, gar nichts! Es war wunderbar!«

75. Lauter Favoriten

Mal wieder erklingt meine Lieblingsmusik. Die meisten im Saal hören wie gebannt zu. Am liebsten würde ich laut mitsingen.

Mal wieder zu Gast in meinem Lieblingsrestaurant. Es schmeckt wunderbar. Ich bin satt und bestelle noch einen Nachtisch.

Mal wieder zu einer ausgedehnten Wanderung im Naturschutzgebiet. Der Ausblick ist atemberaubend. Statt den Rückweg anzutreten, entscheide ich mich, einfach weiterzugehen. Es ist noch lange nicht dunkel.

Mal wieder eine Reise in mein Lieblingsland. Gleich auf dem ersten Parkplatz halte ich an und atme mehrmals tief ein und aus. Was für eine herrliche Luft – ganz anders als vor der Grenze!

Zwei Tage Ausspannen bei meiner Lieblingstante. Während sie von früher erzählt, darf ich wieder Kind sein. Beim vierten Stück Butterkuchen lächelt sie verständnisvoll.

Mal wieder mit Freunden im Garten feiern. Plötzlich erklingt meine Lieblingsmusik. Ich strahle und singe laut mit.

76. Rote Rosen

*F*ür mich soll's rote Rosen regnen, sang die Schauspielerin, Schriftstellerin und Sängerin Hildegard Knef im Jahr 1968. *Mir sollten sämtliche Wunder begegnen*, reimte sie auf die erste Zeile. »Das habe ich in einem Moment absoluten Größenwahns geschrieben«, sagte sie später schmunzelnd in einem Interview. Irgendwie sprach sie wohl den meisten Menschen aus dem Herzen, wollen wir doch fast alle etwas Außergewöhnliches sein und vom Schicksal ganz besonders geliebt und verwöhnt werden.

Zwei Jahre bevor dieses Lied veröffentlicht wurde, regnete es tatsächlich rote Rosen. Gunter Sachs, Firmenerbe, Fotograf und Lebenskünstler, ließ von einem Helikopter 1000 rote Rosen über dem Grundstück der Schauspielerin Brigitte Bardot in Saint-Tropez abwerfen. Und sein Werben zahlte sich tatsächlich aus: Bardot und er wurden ein Paar, wenn auch nur für drei Jahre.

Auf Rosen, die vom Helikopter fallen, werden wir sicherlich umsonst warten. Aber Rosen darf es trotzdem regnen. Oder Gänseblümchen. Oder Liebe und Glück und gute Laune. Und schon sind wir dabei,

nach oben zu blicken oder nach innen – und die vielen wunderbaren Dinge in den Blick zu nehmen, die unser Leben jeden Tag bereichern.

Nun haben die Rosen, so schön sie aussehen und sosehr sie uns betören, neben Blüten auch Dornen. So haben wir eines Tages akzeptiert, dass das Leben in dieser Welt vielfältig ist – Sternstunden und Ratlosigkeit, Rausch und Ernüchterung, Rosen und Gänseblümchen. Wir haben gelernt, die täglichen kleinen und großen Wunder zu genießen und die Rosen trotz aller Dornen zu lieben.

77. Siebenundsiebzigmal Freude

Freude hat verschiedene Farben, das haben wir in diesem Buch immer wieder erlebt und erfahren. Freude kann bunt und grell sein oder schlicht und einfarbig. Sie fällt uns sofort ins Auge oder wir finden sie erst nach langer, intensiver Suche.

Freude hat verschiedene Gerüche. Sie erinnert an die salzige Luft draußen am Meer oder – wir haben es noch in der Nase – an Apfelkuchen mit Zimt. Sie riecht nach frisch gemähtem Gras, nach einer wunderschönen Rosenblüte oder nach knusprigen Croissants.

Freude ist laut oder leise. Sie tanzt, springt in die Luft und ruft es in die Welt hinaus. Oder sie sitzt still auf einer Bank oder an einem Brunnen am Wegrand. Sie ist im kleinsten Dorf und in der größten Stadt zu Hause.

Freude ist möglich, wenn wir allein sind – beim Laufen am Fluss, beim Lesen eines Buches oder beim Aufräumen im Keller. Freude liebt die Begegnung, sie liebt gemeinsames Schweigen und intensives Reden. Freude sitzt gern am Lagerfeuer oder feiert rauschende Feste. Freude liebt es, geteilt und verschenkt zu werden.

Freude kann verloren gehen und wiederentdeckt werden. Sie kann gesucht und gefunden werden. Wir können Freude einüben und in der Freude wachsen.

Freude ist Erinnerung, wenn der Zauber einer unvergesslichen Begegnung oder Erfahrung wieder lebendig wird. Freude kann den heutigen Tag vergolden, weil wir uns auf morgen freuen. Freude erleben wir immer heute, und oft kommt es uns vor wie ein kurzer Augenblick Ewigkeit.

Wenn wir schließlich meinen, siebenundsiebzigmal Freude gefühlt zu haben, blättern wir vielleicht noch einmal zurück und stehen wieder ganz am Anfang einer aufregenden Reise.

Über den Autor

Rainer Haak wurde in Hamburg geboren. Nach dem Theologiestudium und einigen Semestern Medizin war er u. a. als Jugendpfarrer für über 80 Gemeinden aktiv. Seit 1990 ist er hauptberuflich als freier Schriftsteller tätig. Die Gesamtauflage seiner Bücher liegt bei über neun Millionen Exemplaren.
www.rainerhaak.de

Das Glück im Alltag entdecken

Das Glück ist überall zu finden. Vor allem auch in den kleinen Dingen und unscheinbaren Momenten. Diese 77 Glücksanstöße sind heitere, bewegende und auch nachdenklich stimmende Geschichten, Gedichte, Märchen und Erzählungen, die uns helfen, den Reichtum unseres Lebens neu zu entdecken. So werden ein Tag im Garten, das liebe Wort vom Nachbarn oder die Freunde, mit denen wir beschenkt sind, zu wahren Glücksbringern.

Rainer Haak

77 mal Glück
Für ein gutes Leben

Hardcover mit veredelter Buchdecke
192 Seiten · Zahlreiche s/w-Fotos
ISBN 978-3-96340-115-2
€ [D] 10,– · € [A] 10,30

Zuversichtlich durchs Leben gehen

Zuversicht ist die Kunst, optimistisch nach vorne zu
blicken – ein festes Vertrauen, dass am Ende alles gut
wird, allen Widrigkeiten zum Trotz. Oft braucht es nur
einen kleinen Anstoß, um sie zu finden. Rainer Haak
erzählt 77 Mutmach-Geschichten, die uns an das Gute
glauben lassen, Zuversicht schenken und dabei helfen,
hoffnungsvoll und positiv durchs Leben zu gehen.

Rainer Haak

77 mal Zuversicht
Für ein Leben voller Hoffnung

Hardcover mit veredelter Buchdecke
192 Seiten · Zahlreiche s/w-Fotos
ISBN 978-3-96340-145-9
€ [D] 10,– · € [A] 10,30

Besuchen Sie uns im Internet:
www.bene-verlag.de

Fotos: Shutterstock: S. 3 Ann.and.Pen / S. 8 Kenna Perry / S. 20 Irina
Meliukh / S. 25 ivan bastien / S. 31 AlinaMD / S. 34 oliveromg / S. 38 Adam
Chojecki / S. 43 Dora Zett / S. 50 Evgeniy Kalinovskiy / S. 56 worldinmyeyes.
pl / S. 63 WildMedia / S. 68 Volkv / S. 73 Lane V. Erickson / S. 76 Elena
Veselova / S. 80 KarepaStock / S. 87 Pinglabel / S. 94 Flamingo Images /
S. 101 Dasha Petrenko / S. 114 Wiktory / S. 123 canadastock / S. 127 Nika
Isaeva / S. 131 Anna-Mari West / S. 136 kim / S. 142 Nikolett Emmert /
S. 147 Travel-Fr / S. 156 Voyagerix / S. 161 Anikin Dmitrii / S. 164 arniepaul
/ S. 169 Neale Cousland / S. 173 Vitalii Bashkatov / S. 176 djgis / S. 180
Gilmanshin / S. 184 Skoles / S. 188 Stefan Weigand

MIX
Papier | Fördert
gute Waldnutzung
FSC® C083411

5   4   3   2